组织政治的逻辑：
一种政治经济学的分析框架

The Logic of Organizational Politics:
An Analysis Framework of Political Economics

杨占营　著

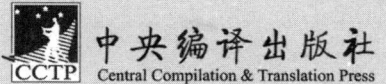

图书在版编目（CIP）数据

组织政治的逻辑：一种政治经济学的分析框架 / 杨占营著 . -- 北京：中央编译出版社，2017.4
ISBN 978-7-5117-3153-1

Ⅰ . ①组… Ⅱ . ①杨… Ⅲ . ①政治经济学—研究
Ⅳ . ① F0

中国版本图书馆 CIP 数据核字 (2016) 第 253857 号

组织政治的逻辑：一种政治经济学的分析框架

| 出 版 人：葛海彦
| 出版统筹：贾宇琰
| 责任编辑：程　彤　曲建文
| 责任印制：尹　珺
| 出版发行：中央编译出版社
| 地　　址：北京西城区车公庄大街乙 5 号鸿儒大厦 B 座（100044）
| 电　　话：（010）52612345（总编室）　　（010）52612370（编辑室）
| （010）52612316（发行部）　　（010）52612317（网络销售）
| （010）52612346（馆配部）　　（010）55626985（读者服务部）
| 传　　真：（010）66515838
| 经　　销：全国新华书店
| 印　　刷：北京天正元印务有限公司
| 开　　本：710 毫米 ×1000 毫米　1/16
| 字　　数：202 千字
| 印　　张：12.75
| 版　　次：2017 年 4 月第 1 版第 1 次印刷
| 定　　价：38.00 元

| 网　　址：www.cctphome.com　　邮　箱：cctp@cctphome.com
| 新浪微博：@ 中央编译出版社　　微　信：中央编译出版社（ID：cctphome）
| 淘宝店铺：中央编译出版社直销店（http://shop108367160.taobao.com）（010）52612349

凡有印装质量问题，本社负责调换，电话：（010）55626985

前　言

　　一种组织理论如何理解组织中的关系，并依此构建何种概念，决定了其区别于其他组织理论的内容及侧重点。组织理论发展史上，许多关于组织的概念都曾在不同程度上以对组织内权力关系的反映为旨趣。时至今日，在组织理论领域已初步形成了"组织政治"的研究范畴。大体上，可将主要的组织政治理论分为四种，即硬权力的组织政治观、软权力的组织政治观、散布性权力的组织政治观以及反思性的组织政治观。因各自隐含的对权力关系的来源及形成的不同理解，各种关于组织政治的研究结论大相径庭，从而影响了对组织政治产生与发展的逻辑做出某种一致的理解。

　　现代社会关系建立在个人功利选择的基础上，契约成为联结人们行动的最主要机制。因此，只有以契约关系作为研究组织政治的基础，才能使讨论具备耦合现代社会关系的合理性。以上四种组织政治理论似乎对此并不特别重视。当代新制度主义经济学在分析企业性质时，对企业的契约性质进行了深入探讨，得出了较为恰当的结论。把企业的契约理论，特别是其中的不完全契约理论应用于组织政治的一般分析，对发掘组织政治产生与发展的内在逻辑富有启迪。这也正是本书的研究重点。

　　作为微观政治体系的组织，是在权利的契约交换基础上，成为行政控制的权力体系。它在参与者之外作为一种结构性力量发挥作用。人们努力通过建立或参与这一体系，从权利的交换中实现自身利益，达到某种目的。但是，组织内的权力关系并非是由契约力量完全支配的。作为一种控制装置的权力体系，组织意味着契约合理性与个人理性判断之间存在着必然的内在矛盾。同时，人力资源产权的特殊性以及组织控制的有限性决定了组织契约注定是不完全的，导致了组织所有者把一部分产权留置在组织"公共领域"中。组织内的权力是分享而非完全垄断的，这必将衍生出很多"政治"问题。这样，组织也就成了一个权力场和利益场，因而成为一个政治的体系。

组织内的合法权力及其过程构成了组织的规范结构与过程，与此同时，组织内不被组织规范所反映和承认的权力及其过程构成重要补充。两种权力都意欲组织剩余的占有。组织政治的实质，是围绕着组织剩余控制权的争夺以及对组织剩余的分享而展开的政治过程。

组织剩余可区分为组织剩余Ⅰ和组织剩余Ⅱ。所谓组织剩余Ⅰ，是指基于要素的新组合所产生出的净增值；所谓组织剩余Ⅱ，是指在组织关系背景中所产生的，关于个人待遇、收入、权力、政策、信息、人际关系、心理满足等等的诸多利益，它存在于组织关系中的"公共领域"，需要在组织政治过程中被发现和获得。联系起来看，组织剩余Ⅰ与组织剩余Ⅱ同属于组织的"租"效应。不过，前一种租是基于生产要素新组合而生产的净增值，而后一种租是基于组织关系形成的个人间新的利益关系的结果；前一种租是被生产出来的，后一种租是机会性的；前一种租是组织进行核算的，后一种租是个人进行计算的。组织的正权力系统决定着组织剩余Ⅰ的分配，组织的权力负系统决定着组织剩余Ⅱ的分享。

组织权力的结构状态也称为组织的政治形态。根据组织权力结构的不同，可区分为独占型组织的政治形态、法理型组织的政治形态、分权型组织的政治形态、参与型组织的政治形态、无政府型组织的政治形态等五种类型。这是权力组织的政治外观，它由正式权力系统的特征决定。同时，组织中权力负系统力量强大、散布广泛、分立破碎，它与正式权力系统相伴，构成了参与者利益实现的又一场所，它也产生巨大的剩余Ⅱ，甚至可以左右组织的命运。组织的政治外观相互间区分较为明显，但组织中权力负系统却无固定结构，其运行是随机的、不连续的，行为者的政治策略多有相似之处。

组织剩余Ⅱ的非生产性意味着组织中交易成本的上升，这必然损害组织效率。同时，由于组织政治的非显化存在，又毒化了组织文化。这两种结果，最终必然对社会利益造成负面影响。组织治理的关键，是如何处理两种权力系统的关系。组织自身存在着一系列"两难困境"，在寻求问题的自我解决中往往又会陷入新的无效率均衡。这就需要诉诸"第三方力量"，即公共政治的"利维坦"。公共管理在参与组织治理中，必须寻找公正与效率的平衡点，在组织变革中实现个人发展与社会效率的统一。公共权威对组织内产权重新界定的第一个方面，首先是要对组织中的公共领域的产权进行界定。第二个方面，是要对组织所有者的剩余控制权进行分解。第三个方面，是在组织剩余分享（I）中保证相容激励方案的实现。第四个方面，在组织之外建立一个司法体系，对组织进行司法监管，并加以指导。这是一场已开始发生于组织领域的革命，但它不同一般的社会革命，它要求进行组织革新，使各方都具有行动能力，在改善组织内部权力结构的基础上，实现某种程度的权力和解。这一新的方向，就是21世纪的"组织民主"。

这里勾勒出的组织政治产生与发展的逻辑脉络，将会为组织政治分析提供一个较为完整的理论框架。

目 录

第一章 导 论 …………………………………………………… 1
  一、研究的对象与主题 ………………………………………… 1
  二、组织：论域的界定 ………………………………………… 5
  三、组织政治学及其理解 ……………………………………… 7
  四、组织政治学的多维视角 …………………………………… 9
    （一）硬权力的组织政治观 ……………………………… 10
    （二）软权力的组织政治观 ……………………………… 11
    （三）散布性权力的组织政治观 ………………………… 11
    （四）反思性的组织政治观 ……………………………… 12
  五、研究思路与基本框架 ……………………………………… 14
  六、主要方法与理论工具 ……………………………………… 18

第二章 组织及其参与者：理论的众相 ……………………… 21
  一、认知组织：理论与假设 …………………………………… 22
  二、科学分析的组织观点 ……………………………………… 24
  三、行为科学的组织分析 ……………………………………… 29
  四、作为利益集合体的组织 …………………………………… 38
  五、组织性质的文化阐释 ……………………………………… 46
  六、小结 ………………………………………………………… 52

第三章　组织的契约性质：理解参与者之间关系的基础 ············· 54
一、社会结构与社会行为 ··· 54
（一）社会行为及社会关系的类型 ································ 54
（二）传统社会的结构与个人 ······································ 56
（三）现代社会的结构与个人 ······································ 60
二、现代个体社会与契约 ··· 64
（一）现代社会关系的契约基础 ···································· 64
（二）关于契约的理解 ··· 67
三、组织与契约 ··· 71
（一）企业的契约理论 ··· 73
（二）企业组织契约论的进一步应用 ······························ 79
四、小结 ·· 86

第四章　权力及组织内的权力 ·· 87
一、关于权力的考察 ·· 87
（一）权力的内涵 ··· 87
（二）权力的形式 ··· 94
（三）权力的度量 ··· 97
二、组织权力 ··· 100
（一）组织权力表现形式 ·· 101
（二）组织权力的结构化 ·· 104
（三）组织权力的类型 ··· 106
三、组织内的个人权力 ··· 108
（一）组织内个人权力的基础 ······································· 109
（二）支配组织内个人权力分布的主要原则 ····················· 112
四、小结 ·· 114

第五章　组织剩余及其分享 ································ 116

一、组织剩余 ·· 116
（一）关于组织剩余的理论观点 ························· 116
（二）组织剩余Ⅰ ·· 119
（三）组织剩余Ⅱ ·· 119
（四）两种剩余形式的比较 ································ 121

二、剩余索取：组织剩余Ⅰ的归属 ························ 121
（一）私人组织剩余Ⅰ的归属 ···························· 122
（二）公共组织剩余Ⅰ的归属 ···························· 125
（三）社会组织剩余Ⅰ的归属 ···························· 126

三、组织剩余Ⅱ的生产 ·· 128
（一）关于组织剩余Ⅱ生产的理论假设 ················ 128
（二）组织剩余Ⅱ产生的机制 ···························· 130

四、组织剩余Ⅱ的索取：谁得到了什么 ·················· 135
（一）组织剩余Ⅱ的形式 ··································· 135
（二）参与者共享的组织剩余Ⅱ ························· 137

五、组织剩余索取权：谁得到的最多 ····················· 142
（一）组织剩余Ⅰ的索取权比较 ························· 142
（二）组织剩余Ⅱ的索取权比较 ························· 143
（三）剩余Ⅰ索取权与剩余Ⅱ索取权的比较 ·········· 145

六、小结 ·· 146

第六章　组织政治及其治理之道 ································ 147

一、政治形态：权力组织的外观 ···························· 147
（一）独占型组织的政治形态 ···························· 150
（二）法理型组织的政治形态 ···························· 151

（三）分权型组织的政治形态 ·············· 153
　　（四）参与型组织的政治形态 ·············· 154
　　（五）无政府型组织的政治形态 ············ 155
　二、权力负系统中政治行为的经验描述与评价 ······ 157
　　（一）政治行为：权力负系统中的"游戏" ······ 157
　　（二）组织政治的测度 ···················· 164
　　（三）组织政治的功能分析 ················ 166
　三、走出"囚徒困境"：寻求组织政治的治理之道 ·· 169
　　（一）管理困境：组织自解的难题 ·········· 169
　　（二）公民责任：从组织到社会 ············ 173
　　（三）外部干预：从微观政治到宏观政治 ···· 177
　四、小结 ···································· 181

余　论 ·· 182
参考文献 ······································ 184
后　记 ·· 192

第一章 导 论

现代社会是高度组织化的社会，几乎所有重要的社会过程都结合着组织过程或者组织在其中起到了重要作用，组织研究也因此日益成为社会科学的核心。以政治学的观点来看，组织作为特定的社会关系系统以及人们集体行动的领域，其中必然存在着权力运作、利益分享等政治现象，或者说组织本身就是一个"具体而微"的政治王国。从公共管理学的角度分析，任何一种类型的组织都会对社会利益产生直接或间接、正向或负向、强或弱的作用，其运行过程必然受到利益相关者包括公共权威的影响、制约甚至干预。因而，从组织的内外环境来看，必然存在着多方治理的事实。鉴于此，本书不揣冒昧，将沿着组织分析的政治视角，以抽象出组织政治的运行逻辑为旨趣，并试图为组织多方治理提供理论支持。

一、研究的对象与主题

本书以组织为研究对象。这里的"组织"，主要指正式组织，在总体上包括了三种类型，即公共组织、私人组织和社会组织。[①] 因此，它是一个一般化了的概念。

一个显著的事实是，工业革命以降，人类社会就开始步入了组织化时代。公共组织已经普及，私人组织和社会组织渗透到现代社会的每一个角落，组织成了现代社会的主要组成部分，是现代社会基本结构形式之一，并在一定程度上包容着整个现代社会，以至于"社会生活是不能游移于组

---

① 本书采用"国家—经济—社会"三分法，将组织归为三种类型。

织与机构之外而存在的"①。

在微观意义上,对于现代社会中的大多数人来说,参加组织是其实现各种理想的出发点,组织也是其一生于其中实现并发展自身利益的重要场所。

在宏观意义上,对于社会进步而言,现代文明的外壳就是组织,它是支撑现代文明增长的"骨架",是现代文明自我延续的媒介和载体,如社会化、沟通、阶层化、规范的形成、权力的运用和目标的制定与完成等,这些一般的社会进程都主要在组织中运行。②

根据詹姆斯·马奇的说法,"组织"成为众多社会科学或多或少是相同的研究兴趣所在,发端于1937年和1942年的一批著作,特别是到了20世纪60年代后,组织研究成为了一个独立的领域,并很快汇集成了一曲气势磅礴的"交响乐"。

组织虽然已经发展成为现代社会的主要机制,对现代社会产生着深远影响,但组织却是一个难以捉摸的现象。它可以拯救生命甚至灵魂,也可以传播仇恨;它可以有利于某种有益的社会目标的实现,也会对社会机体的健康施加某种反功能。抽象地说,组织成了人类所构想的与实际所建立的世界之间矛盾的标石③。

例如,从组织与市场的比较来看,组织机制对市场机制的替代通常认为是在总体上提高了社会产出的效率。但研究发现,组织中又不同程度地存在着 X 效率,组织在某种情形下低于市场效率。④ 从组织结构及其过程所产生的后果看,组织能实现预期的目标,但也会发生佩罗所定义的"正常的意外"⑤,包括米歇尔斯描述的"寡头铁律"⑥、默顿所称的"目标置换"⑦,以

---

① 〔法〕克罗戴特·拉法耶:《组织社会学》,安延译,社会科学文献出版社2000年版,第1页。
② 〔美〕W. 理查德·斯科特:《组织理论》,黄洋等译,华夏出版社2002年版,第7页。
③ Charls E. Lindblom, *Politics and Markets*, New York: Basic Books, 1977, p. 95.
④ 〔美〕罗杰·弗朗茨:《X 效率:理论、论据和应用》,费方域等译,上海译文出版社1993年版。
⑤ Charles Perrow, *Normal Accidents: Living with High-Risk Technologies*, New York: Dasic Books, 1984.
⑥ 〔意〕罗伯特·米歇尔斯:《寡头统治铁律》,任军锋译,天津人民出版社2003年版。
⑦ 〔美〕D. S. 皮尤:《组织理论精萃》,彭和平等译,中国人民大学出版社1990年版,第19—20页。

及韦伯所忧虑的"铁的牢笼"① 等。这些"正常的意外"显示，组织的结构及其过程产生了人们未曾意料的结果。从个人与组织的关系看，参加组织为个人提供了各种各样成长与发展的机会，但组织目标却并不总是与个人目标相一致。甚至按照左派的观点，组织就是被封锁的社会，在其中，意识形态、权力及其他各种资源被资本主义精英用来生产和再生产资本主义的社会关系——异化、剥削与奴役。从组织与社区的关系看，组织参与了社区的发展，但同时又可能不是社区的合格公民，它可能会凌驾于社区之上，泵吸社区资源，甚至会撕裂社区。从组织与其社会环境的关系看，一方面组织受社会环境的影响，受社会合法化价值的约束，并承担社会发展责任，另一方面组织又会通过策略改变环境，延迟社会变革，以求组织利益的稳固。更有甚者，组织会犯罪，比如强迫型犯罪和促进型犯罪。② 如此等等，不一而足。当认识到诸如此类关于组织影响的矛盾情境时，人们是不能无动于衷的。

一直以来，组织理论就是公共管理研究的重要领域之一。但在传统的公共行政学意义上，其目的通常在于研究和借鉴各种组织特别是私人企业管理的经验与模式，以期建立和完善高效的公共组织作为实现政府管理目标的理性工具。20世纪60年代以来，公共行政学范式开始转向公共管理学。在其后的70年代末，伴随着政府管理改革运动在全球逐步展开，公共管理在制度范式变迁中也出现了"超越官僚制"的总体趋势。③ 理论及实践中的转向以反思理性为基础，从根本上冲击着以公共组织为中心构建的"大政府"管理模式。这场运动有两个互相促进的目标：一是发展出了主要以管理公共事务的有效性而不是官僚制组织的自我强化为导向的公共管理制度范式，追求善治之道；二是为了实现上述的行政管理目标，改革公共组织内部的工作流程，运用组织实践中发展了的经验，再造政府，使政府胜任社会治理的元角色。在后一目标的指引下，公共管理的组织研究传统仍得以继承。

---

① 〔德〕马克斯·韦伯：《经济与社会》（上册），林荣远译，商务印书馆1998年版。
② 〔美〕理查德·H.霍尔：《组织：结构、过程及结果》，张友星等译，上海财经大学出版社2003年版，第17页。
③ 黄健荣、杨占营：《新公共管理批判及公共管理的价值根源》，载《中国行政管理》2004年第2期。

组织政治的逻辑：一种政治经济学的分析框架

公共管理学研究组织的目标还应进一步延伸开去。特别是在中国，到目前为止，公共管理学甚至包括它的母体学科——政治学都较少深入各种组织的内部结构中，探究组织本身作为一个集体活动的政治领域所蕴含的政治事实及对其公共治理的诉求，通过合理的方法和途径促进组织的良好治理，促进社会和谐以及人的全面发展。

这里需要就公共管理与组织之间的逻辑关系做具体说明。公共管理指向公共利益的维护与促进，而公共利益的现代内涵首先包括在一定社会发展阶段平等地保障人的基本权利得以实现。总体上涉及两个方面：一是关于实体内容；另一个是关于保障实施的程序和制度以及机构设施。若以传统的政治与公共管理的观点看，以上两个方面的问题在理解上是直观的，且都能在宏观的政治领域内得以较为妥善的处理。实则不然。

在有关公共利益的实体内容的方面，由于社会发展水平以及社会特征的不同，引起了各方所控制的资源多寡、力量强弱、权力大小以及意识观念的差异，由此构成了规定社会个体实际权利内容的各种显秩序和隐秩序。这些秩序对社会各组织来说是嵌入性的。也就是说，此类因素不仅在社会宏观体系中发挥作用，而且在社会组织层面上同样产生着影响，甚至会产生不同于宏观政治的指向。

相应地，有涉公共利益实现的程序和机构广泛存在于从宏观到微观的社会各个领域。倘若把此类的程序和机构完全归入传统意义上的宏观政治结构中，在理论研究中显然是不够的。特别是全球化时代的政治国家正承受着"像钳子一样上下压力的夹攻"。有一些力量试图把政治权力从民族国家向下转移到次国家的区域或集团中，另外又有一些力量则试图把权力从国家向上转移到跨国性的机构和组织中去。民族国家因此变为较小也较少权威力量的单位。① "分散治理"成了理解现代社会运行的一个关键机制，各种社会组织正因此在获得较大的治理权威，对各种组织治理状态的研究日益重要，而这又必须以对组织政治的研究为切入点。

另外，社会生产率的状况也为公共利益的实现提供了基础性条件，组

---

① 〔美〕阿尔温·托夫勒：《第三次浪潮》，朱志焱、潘琪、张焱译，生活·读书·新知三联书店1983年版，第383页。

织作为生产率的主要贡献者，如果存在效率低下趋势，就须引起公共管理者的关注。

所以，公共利益、公共管理与组织现实之间的关系应是须臾不可分的。组织是人类集体行动的聚合体，组织中权力配置的状况及其运用是更大社会系统中权力配置与运用的重要方面，而组织结果对于其参与者甚至整个社会来说并不一定都是所欲的。公共管理研究组织的一个重要的目标，应是在公共组织、私人组织和社会组织中建立起符合人类基本价值和满足社会需要的程序和机构。或者说，寻求改革组织治理结构和过程，使组织能够更好地维护与促进人的基本权利，最大限度地使之成为实现人们所构想世界的功能体系。

总而言之，本书注重将组织视为人类集体行动的政治领域，重点分析组织内的政治现象，即将组织视为一个政治体系，分析这一体系形成的动因，参与者在其中的地位、状况与行为，以及如何本着合理与合意的目的改进组织的治理结构与过程，促进组织及其参与者的共同利益。显然，本书研究的直接对象是微观领域的组织政治问题，但又以宏观政治的发展目标为指引，并试图在宏观政治与微观政治间寻求某种一致性的联系。

二、组织：论域的界定

组织政治以组织内的政治现象为研究对象，但对于什么是组织或组织指向的社会领域及其所包含的社会关系究竟是什么，理论界是有分歧的。为避免歧义，这里有必要先明确一下本书的"组织"指向的特定社会领域及社会关系。

从辞源学上来考证，组织一词来源于希腊文"organon"，意思是"工具"、"手段"。后来，"组织"主要被用来说明生物的组织状态。1873年，英国哲学家斯宾塞将之引进社会科学，在论述"社会有机体"时，将组织看成是已经组合的系统或社会。[①]

[①] 朱国云：《组织理论：历史与流派》，南京大学出版社1997年版，第2页。

从广义社会学来看，组织分析传统在很大程度上倚重马克斯·韦伯。韦伯以对官僚制及权威的分析而闻名于世，他给组织下了一个较宽泛的定义，将团体同其他形式的社会关系进行了区分："团体应该称之为一种对外受到调节性限制的或者封闭的社会关系……"① 韦伯的团体定义指称三种类型：企（事）业团体、协会、强制机构。这一定义在组织理论发展中具有里程碑意义，后来的大多数定义都以此为基础。从韦伯的定义中可以发现，首先组织是一种特定的社会关系，这种社会关系不是随机的，组织包括某些人和关系而不包括另外一些人或关系，组织是有边界的。其次，组织中社会关系具有秩序性，这一特征将组织与其他的人的集合形式区别开来，组织会给组织内人际关系互动模式提供一个框架。这两方面的特征使组织能作为一个特殊的社会单位而行动。

在韦伯思想的基础上，汤普森曾提出"联盟"和"组织"两个范畴。这里的"联盟"与韦伯的"团体"是同一层次的概念，"组织"则对应于韦伯的"官僚制"。汤普森认为，理解"联盟"与"组织"之间的区别是了解概念的关键。"联盟"是追求共同利益的人经相互沟通和同意而建立的团体，这种联盟需要一种章程来决定谁是成员，谁是联盟的发言人等事务。欲实现联盟的目标和意图，必须创造一种工具或手段，即组织。该组织具有联盟强加于它的目的，根据该目的，组织做出理性的、可计算的决策。② 汤普森的这一区分使组织限定在了团体中以行政权威为主要关系构建起来的领域，回归了组织最初的"工具"、"手段"的意义。事实上，管理理论的历史中也一直存在着关于组织的工具性判断的传统，人们将组织的管理问题视为如何实现组织目标。例如，古立克在《组织理论按语》中理解的组织就是如此，沃尔多也认为组织可以定义为一个行政系统中当局与普通人之间的相互联系的结构。③

自"开放系统"及"利益相关者"概念引入组织分析后，人们对组织

---

① 〔德〕马克斯·韦伯：《经济与社会》（上卷），林荣远译，商务印书馆1997年版，第76页。
② 黄小勇：《现代化进程中的官僚制》，黑龙江人民出版社2003年版，第48页。
③ 〔美〕卢瑟·古立克：《组织理论按语》，见彭和平等编译：《国外公共行政理论精选》，中央编译出版社1997年版，第61—76。

指向的社会领域的认识发生了很大改变。例如，伊万·米措夫认为，一个组织或社会系统是一个内部和外部的利益相关者的有机结合，一个组织在某一时刻的状态是组织所有的利益相关者的行为自组织建立直到该时刻相互作用的结果。① 这种理解便于使人认识到对于复杂的社会系统运行所必需的功能类型——经济的、政治的、法律的以及社会理性的——存在的独立的支持，有利于在更广范围内理解组织的运行，但也使"组织"已超越了组织本身。

很明显，以上几种有代表性的观点在组织指向的社会关系领域方面是有明显区别的。从本书的研究目的来说，这里排除使用"联盟"、"利益相关者"等一类的概念，而采用更加严格限定的定义，即组织是以团体内的行政系统为主要框架所确定的社会关系范畴。它有如下内涵：一是与其他定义相比，这一界定排除联盟层次上的团体行为及社会关系，将组织所包含的社会关系限定在由行政系统所规定的参与者相互关系范围内。二是它并不是说组织就只是一个行政的系统，而是说它提供了一个各参与者依托组织的管理结构而行动的框架。三是这一界定意味着本书偏重于从工具性意义上对组织进行分析。

三、组织政治学及其理解

让·于尔摩谈到现代物理学方法时曾写道："通过关系，我们得到事物；通过引证，我们得到概念。"他的结论是："关系优先于事物。"② 因此，作为"事物"的组织当然也可以通过互相关联的关系下定义。组织的最显性的特征是它首先表现为一个行政关系系统，但是这一系统同时又是一个受信息处理、技术运用、个体利益实现等各种因素支持的系统，因此又是一个多种事实关系的复合体。不同研究者往往立足于通过构建某一概

---

① 〔美〕伊万·米措夫：《管理者的外部影响》，见竹立家等编译：《国外组织理论精选》，中央编译出版社1997年版，第305—316页。
② 〔法〕莫里斯·迪韦尔热：《政治社会学——政治学要素》，杨祖功、王大尔译，华夏出版社1987年版，第6页。

念对其某些方面的关系进行叙述。

组织政治学就是以政治的概念分析组织的理论。因此，对于组织政治学的定义，还需要将之纳入"政治"概念的多维定义中加以把握。

较为全面地看，"政治"概念的演化有着不同传统。一种是将之作为治理国家的学问来定义。这种观念源流久远，也更接近于一般常识。政治学的开山者亚里士多德认为，政治就是研究当时构成国家单位的城邦政府。[①]后来民族国家的发展进一步强化了这种观念，并进一步显示为一种"君权"意识形态：国家似乎就是一种完整的社团，不依赖其他社团并统治其他一切社团，因此国家的统治者似乎也就有一种特别能力，其他社团的首领不能与之分享，人们也称之为"统治权"。

另外一种是把政治看作是一切社会和一切人类团体而不仅仅是民族国家的权力、政府、权威和指挥的学问，断然摈弃国家主权论。更确切地说，该观点把国家主权论看作是一种意识形态，而不是一种现实。据此，国家权力并未被当作天然与其他人类团体不同的权力，即使有区别也是从比较中来发现的。又因为权力只有在不平等关系中才能发生，因此政治学应囊括对社会领域中各种不平等关系的研究，政治学等同于权力学。[②]这一传统大致始于卡尔·马克思、马克斯·韦伯等人，在当代则以罗伯特·达尔、哈罗德·拉斯维尔等人最有代表性。例如，达尔认为，政治体系可定义为任何在重大程度上涉及控制、影响力、权力或权威的人类关系的持续模式[③]；拉斯韦尔也把政治学看成是关于权势的学说，权力因素决定社会成员"谁得到什么、何时和如何得到"，并认识到这种视野的变化可能要在政治学家的技巧和观念上引起变化。[④]

除了以上从学术意义上把握的政治的概念外，还有一种常见于日常生活层面的理解和使用。特别是在西方一些社会公众看来，"politics"是一

---

① 〔希〕亚里士多德：《政治学》，吴寿彭译，商务印书馆1981年版，第3页。
② 〔法〕莫里斯·迪韦尔热：《政治社会学——政治学要素》，杨祖功、王大东译，华夏出版社1987年版，第13—14页。
③ 〔美〕罗伯特·达尔：《现代政治分析》，王沪宁等译，上海译文出版社1987年版，第17—18页。
④ 〔美〕哈罗德·D.拉斯韦尔：《政治学：谁得到什么、何时和如何得到》，杨裕昌译，商务印书馆1992年版。

个"dirty word",因为"politicians"(政治家)都是些言不守信的人,政治一词实际含有"耍手腕"、"玩把戏"和"搞权术"之类的意思。这种对政治概念的生活化运用如果同其他学术概念相比较,实质上是强调了权力运用的非显性一面,或者说这种权力关系溢出了某种体制规定的、某种职业标准或某种文化承认的权力关系之外。事实上,如果认为权力关系是情境的、散布性的,而不是过分地强调其道德含义,那么就可以用一个中性而不是贬义的词来表述,即"政治"往往与"策略"相伴,或者说策略就是权力关系实现的途径。

本书关于组织政治学的定义以后两种传统为取向,即不是认为政治现象是有关治理国家的专门学问,而是认为政治现象存在于各类组织之中,它伴随着组织内的各种影响力、控制力以及权威而存在。或者,借用普费弗的定义,组织政治"包括在组织环境中发展权力和使用权力的活动或行为"①。

四、组织政治学的多维视角

组织作为一个政治体系是由各种权力关系浑然织就的,由此产生的理论问题是如何理解权力概念本身。韦伯将"权力"一词概括为:"权力意味着一种社会关系里哪怕是遇到反对也能贯彻自己意志的任何机会,不管这种机会是建立在什么基础之上。"同时,他又认为这一定义非常模糊——"'权力'的概念在社会学上是无定形的。一个人的各种各样可以设想的素质和形形色色可以设想的情况,都可能使某个人有可能在特定的情况下,贯彻自己的意志。"因此他倾向于在社会学中用一个更精确的概念——统治,这一词"可能仅仅意味着一项命令得到服从。"② 这里韦伯延续并强化了从"统治"的角度概括组织权力形态的传统。韦伯的这一概念

---

① 〔美〕杰弗瑞·普费弗:《认识决策中权力的作用》,载竹立家等编译:《国外组织理论精选》,中央编译出版社1997年版,第241页。
② 〔德〕马克斯·韦伯:《经济与社会》(上卷),林荣远译,商务印书馆1998年版,第81页。

及其随后的以合法性为基础对权威类型的划分,反映了权力关系存在的某种确定形式,但不能满足全面理解的要求,特别是将组织视为一个政治体系时,这种"精确化"会使许多关于权力关系的事实得不到较好的说明。

梳理时发现,因各自隐含的对权力概念的不同理解,各种理论关于组织叙述的政治观大相径庭,即使是相近的理论在某些观念上也存在明显区别。这里且分为四种:硬权力的组织政治观、软权力的组织政治观、散布性权力的组织政治观以及反思性的组织政治观。

(一) 硬权力的组织政治观

硬权力的组织政治观与理性主义组织理论是密不可分的。理性主义是理解组织的政治体系的最早的、也是至今仍有重大影响的观点。此类观点依据分析概念的差别又包括以下几种渊源:(1)科学的理性主义。韦伯是该观点的典型代表,其思想集中体现在《新教伦理与资本主义精神》、《经济与社会》等著作中。(2)经验的理性主义。体现这一思想的著作主要有泰罗的《车间管理》,法约尔的《工业管理与一般管理》,以及古立克、厄威克的《管理科学论文集》等。(3)功能/结构主义的理性主义模式,帕森斯为这方面的代表人物,而代表其思想的主要著作是《现代社会的结构与过程》一书。(4)有限理性的组织观。持这一观点的代表人物是西蒙,其著作主要有:《现代决策的理性基石》、《管理行为》等。纵观以上理性主义的四种组织观,可以明显发现他们对权力的理解共同表现出"硬权力"的特征:(1)权力是结构/功能性的。(2)权力是一个"硬块",是等级、规章、结构的主要属性。在这种权力体系支配下的组织是一个"机械装置"。(3)权力是神圣的,因为组织内的权力建立在合理合法化的基础之上,只有这样的权力才有资格对个体的选择和决策进行限制,个体参与者的行为才能因此符合理性。(4)组织内的权力是自上而下的,只有组织的上层才存在社会行动的"意向性",而组织中个体理性行为意味着个人抛开思想和理智的判断,盲目遵从由规章制度具体化了的行为规范。

这种硬权力的组织政治观在对待灵活性以及任何内部的利益竞争都是持否定态度的。也就是说,保有这种观念的人是反对关于组织内的策略性活动,并运用厌恶的字眼对政治进行定义。在这种传统里,组织政治被正式定义为运用影响力去获取不被组织认可的结果，或者通过不被认可的手段来获取组织不认可的结果。当人们寻求自身的目标，或者以暂时还没有被组织授权的方式，或者打法律的擦边球时，这种行为经常被认为是政治性的。

（二）软权力的组织政治观

科学主义的组织理论隐含着机械论的观点，并不特别注意组织作为人类有机体的丰富性质。后来一些理论家开始注意到组织中的人的因素，因此对权力关系的理解发生了变化。（1）以梅奥等人为代表开创的"社会人"学派。这方面的著作主要有梅奥的《工业文明的人类问题》、麦格雷的《企业的人性面》等。（2）福利特的"民主新观念"。（3）由巴纳德在其《经理人员的职能》一书中提出的协作体系的组织理论。以上各种思想对权力关系及其本质的认识包括如下观点：（1）单纯追求硬权力是行不通的；（2）权力的实施首先要营造一种家庭氛围、民主感觉、意识形态一致性；（3）权力在本质上仍是为达到管理者的目的服务的。所以，相对于由不可动摇的理性公理支持的硬权力，这种权力是一种"软权力"。由于这些思想始终贯穿着效率中心主义，因此仍在一定程度上秉承了理性主义的组织政治观。

（三）散布性权力的组织政治观

散布性权力的组织政治观是在反对理性主义，以及对组织行为的进一步研究中日益成长起的又一种组织政治理论流派。一些人发现，组织环境的不确定性，人的有限理性，再加上参与者目标的差异通常构成了探索实际组织行为或欲获得某种行为时需要认真对待的因素。这导致了组织行为分析的方法论革命，即不能不对某种主观预设的概念保持警醒，概念的逻辑体系应同日常组织行为的实际逻辑尽可能吻合。这时，组织过程的不连贯性、组织不同部分及参与者的利益差异性呈现在人们面前，促使人们采用动态的、交互的观点来分析组织权力关系，从而推动了组织研究的深入。特别是，人们从权力政治学的角度发现：（1）权力是行动的基础，但权力处于某种情境之中。(2) 权力的运用过程是一个讨价还价过程。这时，应考虑人们可以带到谈判桌上的资源。(3) 组织中的权力分为正式权力与非正式权力，参与者的非正式权力运作会产生非正式的结构，而组织的正式结构是正式权力的配置体系。二者既相冲突，又彼此构成对方运行的条件。(4) 组织政治被认为是处理竞争性利益的一门创造性妥协艺术，是组织的一种必要功能。(5) 组织决策过程中的政治冲突与环境的多维性密切相关，利益集团的力量对比常常为组织环境所决定。(6) 由于权力实现过程是双方或多方策略互动的博弈过程，所以在信息不对称或其他条件下，权力过程可能使组织处于低效率状态。这方面的研究成果主要有：本特利的《政府过程》、杜鲁门的《政府的过程》、马奇的《组织手册》、阿里森的《决策的本质》、塞尔兹尼克的《TVA和草根民主》、霍尔的《组织：结构、过程及结果》、帕博隆的《组织理论与政治学》、迈耶的《作为政治体系的组织：一个社区机构的分析》和《组织中的权力》、明茨伯格的《组织的政治竞技场》、费弗的《组织中的权力》、福瑞丹伯格的《组织政治学的过程框架》，等等。

（四）反思性的组织政治观

组织研究的主流思想是从工具意义上肯定组织的作用，却忽视了组织与自我及人文精神之间的深层次矛盾。反思性的组织政治观是一种体现批评精神的组织病理学，明确反对理性主义的管理理论，把现代组织看成是一种统治和强迫的社会体系。该观点认为，特别是对于对组织影响较小的参加者来说，组织目标往往是一种外在的强制力，组织结构可能是压迫的大山，组织规章有时代表着暴虐的政治，组织占有者也许是要反抗的对象。由此可见，其解构意向强于结构功能主义的考量，重点关注关于反功能、异化、目标置换、不平等与压迫等问题。反思性的组织政治观也是一把包罗万象的"伞"：有从理性主义的反功能角度研究这一问题的，如默顿的《官僚制与人性》等；有从人的本质的角度论述这一问题的，如马克思的《1844年经济学-哲学手稿》；有从文化传播、权力话语的角度分析这一问题的，如丹尼斯·K.姆贝的《组织中的传播和权力：语言、意识形态和统治》。特别是自20世纪80年代后现代管理理论兴起后，这把

"伞"已化成了一面辉煌的"旗帜",代表着一种极力消解科学主义和人本主义对立的一般趋势。①

综合上述分析,以上四种组织政治观构成了从一端向另一端变化的连续体,主要表现为"权力是一个介于最初状态——在很大程度上由系统的个别成分决定——和最终状态——在很大程度上由整个系统决定——之间的干涉变量"②。从理论家的自我标识来看,硬权力的组织观与软权力的组织观的政治哲学是尊崇理性主义,从规范意义上强调实现组织目标的效率的正当性。即使是组织行为主义者研究了参与者的政治知觉,也认为这只是一种组织文化,显示了参与者的规避巧用的伎俩或心理特征,因为他们共同认为或假设组织的目标是既定的,组织内的权力关系中不应存在偶然性,或者这种偶然性必须依照某种正式机制加以祛除,而且这一目的是可以实现的。但是,理性主义的组织权力观的最大问题,是这一范式本身存在着"构造性"缺陷,是一个关于理性主义的强意义的模型,现代社会科学发展出的新概念证明了这一点,如组织行为的有限理性说、组织的系统观点以及关于社会微观结构网络说,等等。

散布性权力组织观和反思性的组织政治观明确反对理性主义宰制。散布性的权力观重视参与者的价值动机及正当的权利,同时也注意到了组织内的结构性的权力以及不同情境决定下的参与者的权力。不过,他们并不是从参与者个体的角度反对理性主义,而是在承认个体理性的基本行为模式基础上分析组织互动作用的体系与过程。目前,这一视角已取得了明显成绩:(1)在学科意义上正逐渐形成一门组织政治学,研究者越来越多地使用共同的概念,如目标差异、权力、冲突、利益、参与者、联盟、策略,等等;(2)关于组织的政治模型已应用于范围广泛的经验组织;(3)修正了其他视角的组织理论的一些观点;(4)拓展了组织研究的目的。尽管如此,散布性权力的组织观也存在着明显的不足,特别是它强调了参与者的能动性,但对于结构性权力、制度性权力的重视程度不够,而组织的最显著特征就是它是结构化了的社会集体行动领域,组织也是某种进步制

---

① 罗珉:《后现代管理理论辨析》,载《管理科学》2005年第2期,第8—13页。
② 〔美〕杰弗瑞·普费弗:《认识决策中权力的作用》,载竹立家等译:《国外组织理论精选》,中央编译出版社1997年版,第255页。

度的载体,不对结构性及制度性的权力形式予以足够的重视,不利于解释各种组织事实。

对于反思性的组织观来说,其观点过于重视正式的制度结构的统治的事实,忽视了参与者的能力以及组织对于参与者的意义。应该认识到,增强参与者的权力不仅从人本主义的角度来看是必要的,从正式制度的有效运行来看也是应有之义,这一目标不一定要借助于一场彻底的社会革命,通过一般参与者与组织占有者的互动关系过程的改良也可以实现。

需要指出的是,虽然国外对组织政治研究在20世纪六七十年代已渐成气候,一系列相关著作相继面世,反观国内,以这一视角开展组织研究的还很少,少有的几篇关于组织政治研究的论文都是对国外研究进展情况的介绍,而且多集中于管理学、行政管理学和组织社会学。关于国内外这种研究状况的反差,可能的原因是,政治学及其他社会科学过去长期处于国家政治的婢女的地位,而在逐渐宽松的环境中政治学需要研究的以国家为中心的政治问题还很多,大家不愿在一些"细枝末节"问题上花费宝贵的精力。另一个重要原因可能是学术传统的影响,经过"演化"的马克思主义政治学主要是围绕国家的"上层建筑"展开论述的,社会主义国家的政治学因此往往被定义为国家学说。[①] 政治学研究的这一状况应有所改观,一则是政治学日益发展的需要,更主要的是政治问题是嵌入性的,离开了对社会问题的深度关怀,政治学就不能广泛应用于社会,并可能使其传统领地被日渐侵蚀。再则,政治学在当代不仅应为政府的统治与管理服务,同时还应为达到善治的社会服务。善治社会中的政治需要关注社会各层次的政治问题,描述其状况,揭示其中的问题,并为社会的自主发展与良好治理探究新的途径。显然,政治学在中国正面临着新的际遇。

五、研究思路与基本框架

前面的理论梳理表明,运用权力的概念来解释组织的内部结构及其运

[①] 〔美〕安东尼·奥罗姆:《政治社会学》,张华青、孙嘉明译,上海人民出版社1989年版,第20—24页。

行过程，能使人们可以从政治学的维度加深对组织的理解。因为组织是人类集体活动的领域，通过对支配和权力问题的考察，组织的多个方面才可以得到阐明。[①] 但权力视角本身又是多维的，并且许多理论在某些方面是相互否定的。突出的问题是，目前组织政治理论还缺乏相对一致的逻辑基础。这一状况滋长了理论研究中的"丛林现象"。更为重要的是，从公共管理的角度看，现在的组织政治研究在为组织的公共治理提供思路方面还明显不足，效率中心主义主要从组织目标实现的效率方面关注组织政治现象，组织政治过程的观点更注重描述，而人文主义者倾向于解构组织过程而非建构，等等。从组织作为人的集合体的角度看，组织治理依据的是对组织中权力关系的调整，这就需要对组织中决定权力关系的机制有一个较为全面的了解。基于此，本书研究的主要问题集中于以下几个方面。

首先是与作为基础的概念——"组织"有关。因为几乎所有的组织研究者在阐述其对组织问题的认识时，都不可避免要从讨论组织的定义开始，但却对于组织的性质在认识上难以统一。例如，在几个代表性的观点中，韦伯认为组织（社团）是由特定的个人进行管理的封闭的、有序的特别的社会关系[②]；林德布鲁姆认为组织是一种基于契约的合作形式[③]；霍尔用"集合体"的概念努力给组织下一个符合矛盾模型的定义，即"组织是有相对明确的边界、规范的秩序（规则）、权威级层（等级）、沟通系统及成员协调系统（程序）的集合体；这一集合体具有一定的连续性，它存在于环境之中，从事的活动往往与多个目标相关；活动对组织成员、组织本身及社会产生结果"[④]。在这三个定义中，韦伯是从团体行为角度来定义的，林德布鲁姆是从参与者的动机及组织的功能性来分析的，而霍尔的矛盾模型综合了两种维度。但是，对于霍尔来说的，矛盾的是，如果没有相对明确的目标——不管这一目标是人为设定的或是客观上存在的，是模糊

[①] 〔法〕菲利普·柯尔库夫：《新社会学》，钱翰译，社会科学文献出版社2000年版，第154页。

[②] 〔德〕马克斯·韦伯：《经济与社会》（上卷），林荣远译，商务印书馆1997年版，第76—84页。

[③] Charls E. Lindblom, *Politics and Markets*, New York: Basic Books, 1977, p. 95.

[④] 〔美〕理查德·H. 霍尔：《组织：结构、过程及结果》，张友星等译，上海财经大学出版社2003年版，第35页。

的还是精确的,是不断变化的或是前后一致的——人们构建这一社会单元的意义就成了一个问题。相反地,按照林德布鲁姆的说法,如果组织是一个契约的联合体,那么这就为组织内的平等关系奠定了基础,但现实表明在组织中存在权威的等级,合约关系在组织内不是一贯的、连续的。另外,组织作为一种集合体包含了怎样的合约形式、又是如何发生的?如果按韦伯的观点,认为组织是一个达到管理者目标的行政管理体系,那么稍有社会常识的人都难以弄明白为什么某成员甘愿为了"组织的目标"而受组织的统治。实际上,以上三个定义都隐含有对组织起源、组织性质、组织目标等重大问题认识上的局限性,如果对诸如此类的问题不弄清楚,各种组织政治研究就不得不时常回过头去寻找自己的逻辑起点。

其次是关于组织中的权力问题。任何经验观察都会发现组织内存在权力关系,特别是组织内的显性权力关系最容易被认识到。但是组织内的权力关系非常复杂,形式多种多样。那么,对于各种组织内权力关系形成的机制,需要寻找进行解释的一般基础。

第三个问题是涉及组织中的分配问题。如果说组织是为了实现某种设定的目标,那么它必定还对组织参与者意味着其他的什么。组织利益对于不同性质的组织及其参与者在道德上意义是不同的,参与者可能又会是自身利益的创造者。

第四个问题是关于组织政治研究所服务目标。是如同反权力的组织观所宣示的反组织的目标,或是肯定组织的积极功能从而为组织治理服务?如果是要为组织的治理服务,治理的目标是什么?是从参与者的角度使组织成为一个仁慈的对象,或是要保证组织的生产效率?二者之间如何取舍如何平衡?即使明确了治理的目标,那么如何治理组织?是从外部输入制度直接干预组织,或是从外部影响组织内的关系从而使组织内部自主地产生治理的机制?

为解决这些问题,需要在理论上对解释组织及其政治的逻辑进行再考察,使历史、现实与理论相耦合,增强解释力。在此,本书受当代新政治经济学的启发,提出了"契约组织、剩余控制与剩余分享"的梳理组织政治逻辑的思路与框架,阐述组织的集体生活的发生逻辑以及它引起的合作形式与机制所支配的权力关系。以此为基础,探求组织治理的基本途径,使组织既能成为集体生活的理想场所又能充分发挥对社会的正功能。

研究中，本书首先设定组织是一个人类集体活动的领域，在这一假定中突出两个概念：一个是参与者，此概念主要强调组织参与者的能动性；二是参与者的集合形式，即契约组织。这两个概念合起来既强调组织的结构与控制的维度，又为组织行为的政治分析提供了一个基本的逻辑原点。其次，本书运用了当代新政治经济学的不完全契约理论分析组织的所有者及其代理者与组织的其他参与者之间形成的契约的特征，契约机制形成了组织所有者及其代理者对组织的控制与管理的权力基础，但由于不完全契约的特定结构，他们并不能垄断组织内的各种权力，各个层次的参与者又各有其目的，他们会运用各种情势追求剩余控制权，并以此为基础分享组织剩余，这时的组织体系就表现为一个政治的体系。第三，组织内的政治行为会影响组织效率实现。第四，组织内的政治行为的治理有多种方式，但是从把组织构建成人类集体活动的理想领域的愿景出发，组织治理应该追求各种利益的共同发展，这既有利于组织效率的提高又能保障参与者个人的基本权利。

概略说来，本书主要围绕组织的性质、组织的控制体系、组织契约的不完全性以及组织剩余的分享等所形成的政治逻辑进行研究，并在此基础上探究组织的治理问题。

本书的基本论点为：现代社会中的组织在本质上是契约性的，组织的所有者基于契约获得了对组织中各要素的剩余控制权，因而组织也是一个权力控制的政治体系。但组织契约具有不完全性，组织很难获得对参与者的全部剩余控制权，参与者可能利用组织关系与组织过程中的具体情势，为分享组织剩余进行政治行动。组织内的正式权力体系与非正式的权力体系之间及其内部的相互影响，使组织具有政治网络的性质。由于组织内的政治行为系统对组织效率以及对参与者的利益实现都有着直接影响，所以，应改进组织的治理结构与过程，使参与者的利益相互协调，从而使组织成为社会集体生活的理想领域。这一目标的达成需要外部权威力量介入，通过重新界定组织内的产权关系，促进组织内各种权力之间的和谐。

这一逻辑关系是完整的。一是以对组织的契约性质为分析的逻辑起点，符合现代社会的基本特征。现代社会中，个人主义肢解了以往社会中的群体本位，个体行动者真正成了社会活动的主体，但交往性使个体需要的满足越来越借助于他人，于是组织成了满足人们需要的互利合作的体系。在这一体系中契约伦理是最基本的精神。二是有助于进一步说明组织是一个控制的体系。组织的占有者通过契约获得了剩余控制权,因此组织的结构化制度化的动因来自于社会契约。这一观点解释了组织首先是一个控制的体系,组织占有者的利益最大化目标体现着效率主义(理性主义)的努力,但这并非是所有参与者的目标。三是有助于说明组织的真实过程,特别是把组织过程视为权力运用和利益交换过程。由于契约具有不完全性,交换过程并不只是发生在组织形成的过程中,组织成立以后仍然会发生利益的交换,这一过程体现在组织过程的各个环节与各个领域,而这一点也较好地解释了影响组织效率的一个重要方面,弥补了前述各种组织权力观的不足。四是有利于寻求组织发展的根本途径。组织内的权力交换是不可消除的,同时组织内的参与者也是难以改造的,只有通过使各种权利及利益都得以承认,并由此建立利益表达的民主机制,才能真正有利于组织效率的提高以及使组织成为人类集体活动的理想领域。由于这一过程很大程度上需要第三方权威性的介入,所以就为组织的公共治理开掘了途径。

六、主要方法与理论工具

研究社会政治现象不可避免要在社会科学所使用的方法中进行选择。本书的立论是,组织是一个基于互动作用的体系构成的政治网络。所谓互动作用是指一个(或几个)人的行动涉及另外一个(或几个)人,或者说,基于某些已确定的机制,他们之间互相影响,每个人都表现出扮演者的行为和对其他角色的期待。不同的角色在各种脚本中相互协调,最终构成了互动作用的体系。同时,这一互动作用的体系又构成了人们行动的总框架,但这一总框架又非历史性地一致和完整,互动作用条件下的体系会逐渐变得网络化,获致混序化特征,进而又为个体的互动创造了新环境。基于此,本书在研究中采取的方法包括:

社会建构论方法。建构主义努力克服社会科学中的成对概念——集体与个体、"社会"与"个人"之间的对立,不把个人作为社会结构的产物,重视社会现实主体间的以及主体内的方面,倾向于了解既作为多种多样的社会关系的产物又作为其生产者的多元个人。进而言之，在建构主义的观点中，社会现实被理解为个人和集体行动者历史的和日常的建构（construction），这个错综复杂的个体和集体的多元建构，并不必然来自于明确的意志，它倾向于逃避在场的各种行动者的控制。① 本书的立论正反映了这一方法论特征。不过，就这一方法在本书中的使用需要说明的是：第一，组织是一种特殊的人类集体行动的领域，是一个控制的体系，组织占有者的明确意志必然是这一领域中的最明显的符号，尽管其实现程度是一个经验问题；第二，这里讨论的个体在其成为组织参与者时的其他社会化特征被简化了，主要考察其在组织中及其与组织有关的行为；第三，最主要的是，本书是在"组织"这一层次上使用建构论方法的。因此，更准确地说，这里的建构论为二级建构论。②

解释论方法。研究互动作用的体系涉及促成这一互动作用体系的因果机制问题。所谓机制是指两个事物间可能存在的因果关系，这种关系是经常发生的、易于识别的，但它不一定是公理性的因果律。"因果机制"的理论不声言某种探索性的知识具有绝对性，相对于因果律更能推动对社会现象的解释。也就是说，因果机制侧重于在悬置的公理和描述之间的解释层次。③ 本书的逻辑不属于因果律的范畴，而是对因果机制作用过程的探求。这里的因果性机制被表述为利益机制。因为组织最起码具有两种功能：一是生产，二是分配。生产性功能主要是对外部社会而言的，表现为向社会提供某种产品和服务；分配性功能主要是对其参与者而言的，组织通过履行生产性功能同外部社会进行交换获得组织利益，然后在组织内进行分配。在这两种功能后面起作用的是效率机制与利益机制。在研究组织内的政治问题时，利益机制自然起着更为基础性的作用。

---

① 〔法〕菲利普·柯尔库夫：《新社会学》，钱翰译，社会科学文献出版社2000年版，第1—19页。

② 二级建构论是由阿尔弗雷德·舒茨提出的，即建构的建构，也就是说作为从一般知识和日常的互动出发建立的专业模型，区别于其他的把行动者在时空中更广泛的关系纳入建构图式的建构主义。在通常的建构主义图式中，行动者并不必然相互认识，也不必然有直接的互动。参见阿尔弗雷德·舒茨的《研究者与日常生——社会科学的现象学》。

③ 周雪光：《组织社会学十讲》，社会科学文献出版社2003年版，第15—17页。

新制度主义方法。利益机制一直是政治学、社会学以及经济学等社会科学学科的研究核心，但又各有不同。政治学往往使用规范的方法，社会学往往从社会交换的角度分析。组织内的政治问题研究简单采用这些学科的方法是不妥当的，因为组织是整体社会中的一个次领域，规范的政治学研究方法不能切中组织的本质，社会交换的观点也非特以组织结构为背景。本书在研究中多采用经济学的理论模式。理论界普遍承认，经济学理论相对来说更少假设，理论模式也相对成熟。不过，一般认为经济学更重视效率机制，对利益分配机制的研究较少。自新古典经济学即新制度主义经济学兴起以后，类似的观点需要重新审视。新古典经济学把效率机制与交易过程联系起来，并重视对交易过程中利益确定机制问题的研究，把效率、权力、利益、制度联结为一个严谨的理论模式。特别是新古典经济学介入了对组织（企业）问题的研究，运用了政治、经济、文化、社会心理等诸多方面的知识，较好地解释了组织的起源、组织的治理机构、组织的管理过程等重大理论问题。这就使我们有条件来运用这些成果分析组织政治问题。

第二章 组织及其参与者：理论的众相

组织是人类集体行动的重要领域，是实现某种目标的工作场，也是人们于其中试图完善和提升自身价值的重要社会集体构造。而从知识学的角度讲，组织首先是一个名词。在经历了一个多世纪的诸多演绎后，这一名词的所指同先前相比，即使不是面目全非也益发让人不可捉摸。维克曾评价道："组织"至今仍是一个"谜"，如果一个人要找寻一个组织，他不会找到。组织只是我们在谈及组织时才被错误地发明出来的一种形式。① 这是一种把组织"悬置"起来的"扑灭名词"式的论断。然而，扑灭不了组织也就扑灭不了"组织"。可是，对于现代意义上的组织来说，问题仍然是，从先前韦伯的理性主义解读到当今流行的文化诠释，除了在内容的丰富性、多维性上显现出上升趋势外，似乎并没有表现出历史选择性——只有进场者没有退场者，这是一片日益繁茂的丛林，未免使涉足者方向莫辨。

尽管讨论"组织为何"是一件令人痛苦不堪的差事，但这又是本书必须首先解决的问题。具体说来，组织的政治分析以组织为背景，以对组织内权力关系的考察为基础，目的在于发现组织中参与者及其相互间关系的状态与结果。这里，"权力关系"是分析参与者间关系的最主要维度，但它并不是一种能自我证明的独立的事实关系，而总是与组织的规范结构与参与者的行为结构高度结合，才能得到合理解释。特别是，关于组织政治的各种观点之间的冲突与差异，其实是与各种对组织性质的不同理解紧密

---

① Karl E. Weick, "Middle Range Theories of Social Systems", *Behavior Science*, Vol. 19, 1974, p. 358.

联系的。因此，加深对组织性质的探讨，为解释组织性质寻求一个相对一致的基础，对于全面揭示组织参与者间的关系特别是权力关系，探究决定组织政治产生与发展的基本逻辑尤为必要。基于此，要首先通过把握组织理论的历史脉象，探讨关于组织性质的一些主要观点，特别论及各种理论关于组织参与者间关系的各种设定中存在的问题。

一、认知组织：理论与假设

这里讨论的是现代社会的组织问题，但并非暗指此前的社会表现出无组织状态。事实上，某些以前存在的社会系统从某些重要意义上来说还表现出更高的秩序性。这里主要是通过对比以前社会秩序的特征来讨论现代类型组织的。

现代组织现象是随着工业社会的发展在19世纪初扩散开来的，理论的关注却是在近一个世纪之后。1911年同时出版了涉及这一领域的两部力作：弗雷德里克·W.泰罗的《管理科学原理》和罗伯特·米歇尔斯的《寡头统治铁律：现代民主制度中的政党社会学》。前者论述的是工业企业的劳动组织，后者论及的是社会党和工人工会的结构。1922年马克斯·韦伯发表了著名的官僚主义论，他以现代性的视角分析了资本主义社会中行政管理机构的总体特征。到了20世纪三四十年代，组织理论开始风靡一时。1968年出版的《国际社会科学大百科全书》中的关于组织的条目已达46页之多，此后"组织"又成了社会学中的一个独立论题，并相应地带动了其他学科对组织的研究。现今，组织理论的天空可谓繁星无数。不过，有关组织的研究一直延续着这样一个鲜明的特征，即一般不以恰当的组织性质的分析为出发点，而是始于所观察的领域提出的具体问题。① 这种状况产生了矛盾的后果。

从积极意义上讲，由于组织现象纷繁复杂，且组织是一个多种事实关系复合体，全面讨论组织的性质总让人感到力不从心。但我们可对此进行

---

① 李友梅：《组织社会学及其决策分析》，上海大学出版社2001年版，第77页。

简化处理。比如，组织社会学一开始就是以社会的科层化为前提讨论诸如大企业的理性化程度、这些大企业里普遍存在的墨守成规以及这些大企业与其成员和环境之间关系的性质等问题而发展起来的；组织管理理论也是建立在经验地认识组织的内部构造、运行过程以及对人如何进行操纵等问题之上。

从消极意义上看，组织理论一直在各种假设的冲突中备受困扰，"组织理论丛林"的学术调侃就是这一状况的写照。经济学家罗滨逊夫人曾发问：对于经济学中的一系列假设，需要提出的两个问题是：它们易于处理吗？它们与现实世界吻合吗？如果把这一追问运用于组织性质的判断，容易发现，大多的组织认知无论在研究者的动机上或其理论与现实的比较中都显得过于关注第一问题。组织研究者不应忽略对其理论赖以成立的这两个基础问题的同时关注，这不仅对于防止因对理论赖以成立的假设缺乏了解而出现的误解和不必要的争论来说是必不可少的，而且对于在一系列不同假设的选择中做出正确的判断也是极其重要的。可这往往并没有被作为一个重要的问题——"关于组织性质的判断没有正确与错误之分，只有帮助多少之别。"[①] 但随着组织理论广泛深入地发展，关于组织性质的某种判断不得不处理与其他假设间的矛盾关系。

继续罗宾逊夫人的提问，可以认为，组织性质的假定要"与现实世界吻合"，最起码要能回答两个问题：第一，组织是什么？这一问题通常与对组织现象区别于其社会关系现象的经验描述相联系，不少的组织理论往往最关注的就是这一方面。然而，如果强调组织的区别一般社会关系的特征而忽视了其中存在的一般社会关系，则会因为经验描述是一种"放错了地方的具体性"（怀特海德语）而不能与现实世界相吻合。因此，接着的问题是，第二，组织是如何发生的？从组织参与者的角度分析，这一问题还可表述为，参与者是如何进入组织的。这一问题通常隐藏在背后，起着更为关键的作用。

显而易见的是，组织关系建立在二级社会构建过程之中，其中明显地

---

① 〔美〕理查德·斯科特：《组织理论》，黄洋等译，中国人民大学出版社2000年版，第23—26页。

存在着具体的控制与支配的关系。但是，在现代社会生活中，每个人在"法"的意义上都是相互平等的，除了民族国家能在主权意义上对人行使权力之外，不应有哪种组织还能拥有这种天然权力。组织中的权力关系来源于具体的参与者间的自主选择，虽然某种社会情势会对某一部分人形成一种无形的压力。那么，作为具体的、权利平等的人是如何进入具体的权力控制体系中的呢？对于这一深层次问题，许多理论没有进行进一步说明。

总体来看，有多少种组织理论就会有多少种关于组织性质的假定。本书在以下分析中，没有对各种关于组织性质的认知做百科全书式梳理，而是将之归为以下几大类，即科学分析的观点、行为科学的观点、利益集合体的观点、社会制度论的观点以及系统论的观点。通过分析，可以看出各种观点在组织性质判断上的基本立场及其对组织内关系描述时所揭露的组织特征。

二、科学分析的组织观点

科学分析突出组织有别于其他集合体的两个结构特征：第一，在目标结构上，组织是有意图寻求高效率达成某种单一具体目标的集合体；第二，在要素结构上，组织是要素组合形式化程度高的集合体。因此，在科学分析理论看来，正是高度的目标单一化和要素安排的高度形式化的结合，才使组织有别于其他集合体，并把组织定义为目标具体并且结构形式化程度较高的社会集合体。

马克斯·韦伯与其他早期科学管理者的组织认知，共同构成了组织的科学分析理论的基础。他们主要用理性主义来观照现代组织。

在现代化进程的前期，理性主义基本上是科学主义的代名词，它光大了自柏拉图开始的欧洲理性主义传统，认为理性可以把握本质，认识普遍，而内在的本质和普遍性是稳定的，只有那些外在的现象和个别性才是偶然的、不确定的。当时的许多理论家把自己的探索看成是使社会生活理性化的神圣事业。例如，社会学早期代表人物之一的涂尔干说："我唯一能够接受的称号是理性主义者。实际上我的主要目标在于把科学的理性主义扩展到人们的行为中去,即让人们看到,把人们过去的行为关系还原为因果关系,再经过理性的加工,就可以使这种因果关系成为未来行为的准则,人们所说的我的实证主义,不外是这种理性主义的一个结果。"① 韦伯的理想组织类型就是在对现实碎片的提炼中,通过把科学的理性主义光芒投射到团体内的行政组织领域,试图表明官僚制组织在哪些方面突破了个人或可选择的组织形式在决策或"计算"上的限制,以及官僚制对于合理解决复杂的现代问题所达到的程度。②

韦伯所重视的不是实践而是概念的体系,即组织效率的纯粹逻辑。在比较了三种统治类型之后,统治权威的理性化成为韦伯所欲求的最根本的组织基础。他认为,合理—合法的权力才是官僚制组织的基础,因为:(1) 为管理的连续性提供了基础;(2) 是合理的,即担任管理职务的人员是按照他完成任务的能力来挑选的;(3) 领导人具有行使权力的法律手段,以及 (4) 所有的权力都被明确规定,而且是按照完成组织任务所必需的职能加以明确划分的。在理性权威的指导下,官僚制组织的各种要素完全根据合理化要求进行安排:(1) 实现劳动分工,明确规定每一个成员的权力和责任,并且把这些权力和责任作为正式职责而使之合法化;(2) 各种公职或职位按权力等级组织起来,形成一个指挥链或者等级原则;(3) 根据通过正式考试或者训练和教育而获得技术资格来挑选组织中的所有成员;(4) 所有担任公职的人都是任命的而不是选出的(在某种情况下组织的负责人除外);(5) 行政管理人员领取固定薪金,他们是专职人员;(6) 行政管理人员不是他所管辖的那个组织的所有者;(7) 行政管理人员要遵守有关他的官方职责的严格规则、纪律和制约,这些规则和制约不受个人情感的影响,而且毫无例外地普遍适用于各种情况。韦伯认为:"根据全部经验,纯粹的官僚体制的行政管理,即官僚体制集权主义的、采用档案制度的行政管理,精确、稳定、有纪律、严肃紧张和可靠,也就是说,对于统治者和有关的人员来说,言而有信,劳动效益强度大和

---

① 〔法〕涂尔干:《社会学方法的准则》,狄玉明译,商务印书馆1995年版,第3—4页。
② 〔美〕D. S. 皮尤:《组织理论精萃·导言》,彭和平等译,中国人民大学出版社1990年版,第4页。

范围广,形式上可以应用于一切任务,纯粹从技术上看可以达到最高的完善程度,在所有这些意义上是实施统治形式上最合理的形式。"① 直到今天,组织理论的主流观点仍然坚持:由于理想类型的官僚制组织在运行中对偶然性进行了最大程度的区隔,保证了理性法则的稳定适用,因此具有其他组织形式难以实现的高效率,不可避免地应作为现代大型组织领导的合理化工具之一。以至于布劳认为,除非我们理解这种制度形式,否则就无法理解今天的社会生活。②

韦伯前后,与其对组织性质分析在精髓上相通的人物还有泰罗、法约尔等人。与韦伯不同的是,他们没有专门描述组织的一般性质,但从其管理思想中可以发现他们的立场。泰罗的科学管理思想包括以下的实际管理操作步骤:(1)科学地选择工人;(2)根据车间工作分析对工人进行培训;(3)对工作做出科学计划与控制;(4)采用合理的激励与监督措施使每个工人都成为"头等工人"。③ 法国工业家法约尔的行政管理理论以集中阐述管理原则为首要任务,包括等级原则、指令单一原则、控制范围原则、特例原则、部门化原则、流水线作业原则,等等。这里,目标具体化与要素安排形式化既是劳动组织的理想状态,又极其鲜明地反映出他们所认为的劳动组织的本来面貌,反映了他们所发现的工业时代组织理性化的总趋势。

古典组织分析勾勒出了一幅和谐一致以及带有机械隐喻特征的图谱,这幅图画在以后的组织理论家的进一步描绘下,变得更加精细和复杂起来。例如,古立克提出了同质性原则。这一原则意味着手段必须有助于完成某一特定的任务。古立克认为,在某些情况下等级组织会违反同质原则,把两种或更多异质的职能联系在一起,混合生产要素,从而阻碍、损害社会生产从而牺牲行政的技术效率。因此,组织的在"单一权威结构"

---

① 〔德〕马克斯·韦伯:《经济与社会》(上册),林荣远译,商务印书馆1998年版,第248页。
② 〔法〕彼得·布劳、马歇尔·梅耶:《现代社会中的科层制》,马戎等译,学林出版社2001年版,第8—11页。
③ 参见丹尼尔·A.雷恩:《管理思想的演变》,李柱流等译,中国社会科学出版社1997年版,第138—175页。

传统原则支配下的对称性等级金字塔应受到分解。他认为，组织活动应根据主要的服务目的、运用的程序、接受服务的个人和客户、提供服务的地点进行分类，工作单位分别构成垂直部门和水平部门，组织进而应是"丛林结构"的格局。但是，古立克也并未放弃对传统智慧的肯定，仍认为命令统一是组织的最高原则，必须得以贯彻。目标具体化与结构形式化特征在古立克那里未从根本上受到动摇，只是组织的结构发生了有限的变形。

科学分析者始终把组织作为目的实现的理性工具，他们所论述的几乎所有的重要问题都以此为中心，效率问题成了古典行政管理理论的核心内容。

自西蒙对传统管理原则的成对性矛盾揭示以来，古典理论的逻辑基础似乎开始发生动摇。但是，客观讲来，古典发现也并不只是理论上的一厢情愿，组织社会学考察了现代社会中几乎所有部门的组织已经共同获得的一般特征：权力等级、规章制度和理性法则，即使是在新出现的一些例如网络化扁平化的组织内，这种古典结构仍牢牢地内嵌其中。可见，古典认识与组织在实际演进中表现出的某种自在性具有很大程度的契合。

显然，科学分析者重视的是组织本身的理性问题，但组织是一个人的聚合体，组织的有效性必须以人的贡献为前提。在描述组织时，如果忽略了人，就会有"买椟还珠"之嫌。然而，"人"在组织科学分析者定义的组织中被极度简化了，"他"只是作为工具性组织中的机械性要素，同时又被想当然地划分成了两个等级。

按照韦伯的观点，在现实的资本主义社会，按是否已获资本主义精神——理性的功利计算能力以及对天职的责任感，存在着两类明显具有不同特质的人：一类是具有了这种资本主义精神的人，另一种是没有从前资本主义精神状态下进化而来的人。[①] 他们在资本主义性质的组织中自然占据不同的位置，管理职位当然应由具有资本主义精神的人所占有，劳动者是那些只具有前资本主义精神的人。

由于组织中的底层成员被认为不具备理性组织运行所要求的那种特

---

① 〔德〕马克斯·韦伯：《新教伦理与资本主义精神》，于晓、陈维纲译，生活·读书·新知三联书店1987年版，第32—57页。

质，在组织的工具性意义上，他们是没有正当的目的和目标，需要被监督和控制的。这种组织理论的假设正好满足了当时的管理要求。在资本主义工业化的早期阶段，关于劳动者自私、没有责任感、生活态度消极的观念比较普遍。相当多的管理者以"牧羊人"自居：既然劳动者经常进行诸如"我要做多少活儿，才能挣到以前挣的2.5马克来打发传统的需求"这样的算计，所以，减少工资，迫使劳动者多劳动，是提高生产增加利润的最好的办法，并且是天然正当的。泰罗站在科学管理的立场上反对这一做法，提出了关于劳动者的"经济人"判断，倡导实行计件工资制，对工人进行金钱刺激，希望劳资双方通过把蛋糕做大而增加各自的收入，而韦伯建议通过培养资本主义精神加以解决。这两个人的观点中都有对员工的心理或精神进行革命的诉求，但这只是对组织进行理性改造的一个条件。

对于具有资本主义精神的人来说，他们被判断为："合乎理性地组织劳动，以求为人类提供物质产品，毫无疑问是他们毕生工作的最重要的目的之一。"① 由于受"一种要求伦理认可的确定生活准则"支配，所以在管理职位上的人，从组织的工具性意义上，他们能按已经理性化的组织准则与过程履行自己职责，因此也没有必要被认真对待。管理职位是非人格化的，行政运行的逻辑链条是工作化的，一切都在理性确定的伦理准则的框架中运行，这一切都依靠有"共同动机、共同目标、共同信仰并都有丰富知识的管理人员"来实现。

由此可见，在科学主义的组织分析中，理性主义是一种特殊的"以太"，在它的照耀下一切都改变了颜色："人"必须作为理性的材料与组织高度融合在一起，于是也就没有了"人"，或者说没有了具体的人与人的关系。显然，这种理性的逻辑说明了一种无理性的结果。本尼斯认为，古典理论重点是"没有人的组织"。② 组织对单个人来说并无特殊的意义。理性逻辑的纯粹性，控制结构的严密性，以及人的工具性，是科学主义组织分析所得出的关于组织特性的最显著结论，尽管某种特征在有的研究者那

---

① 〔德〕马克斯·韦伯：《新教伦理与资本主义精神》，于晓、陈维纲译，生活·读书·新知三联书店1987年版，第55页。
② 〔美〕弗里蒙特·E. 卡斯特、詹姆斯·E. 罗森茨韦克：《组织与管理：系统方法和权变方法》，李柱流等译，中国社会科学出版社1985年版，第86页。

里不一定被理解得如此绝对化。组织是谁的呢？组织是组织占有者的组织，只有在这一层次上，我们所理解的组织参与者才具备人格化的特征，但它不是其他个体参与者的组织。在严格意义上，特别是下层的参与者没有获得丝毫的被人格化理解的可能性，但他们又为组织服务。

三、行为科学的组织分析

随着工业社会的发展，工人力量日益壮大，工人不断开展反对等级式控制的斗争，公众舆论也施加了巨大压力，管理部门不得不努力理解人道主义对组织生存的意义。

霍桑实验以来，特别是经过阿吉里斯以及福利特等人的努力，到了麦格雷戈以及赫兹伯格那里，以人为中心的理论就其自身来说逐渐获得了较为完备的基础与形态，其中的一系列核心概念促进了组织分析的发展。

20世纪初，以梅奥等人为代表所开创的"社会人"学派，更多地是从个体参与者相对于组织的理性诉求的"非理性"的社会特质来进行分析的。通过分析霍桑实验的新发现，梅奥认为，现代工业组织中的工人并非纯粹的工具化的人，"他"的自身带有传统社会特征和烙印。在工业化之前的社会中，人们通过地区和血缘关系形成了心心相连的共同体，通过这些纽带可以测出社会是否安定。工业化时代的工艺技术和劳动专业化破坏了社会团结，使人丧失了为人类工作的骄傲，增加了人际竞争和对物质事物的关心，破坏了原始团体，造成了地位上的焦虑并产生了困境——强制反馈。应该认识到，人首先是一个"社会人"，工人的社会性需要是不可被组织理性约束或消除的，工资、照明条件、休息时间等等同生产效率并没有直接的关系，相反人与人之间的关系却对生产的效率起着较大的影响。管理者应注意采用社会性的技巧与方法，补充发展组织的社会系统，重视参与者的心理健康，在效率逻辑和工人感情非逻辑之间维持一种平衡关系。但传统的组织图只能显示出组织成员的职能关系，而不可能显示出相互间接触和相互作用的社会关系。因此，梅奥提醒管理者注意正式组织中的非正式组织，应认识到其价值标准是感情逻辑——指导成员的一种非合理行为的准则。①

霍桑实验以后的研究采取了两种分离但却类似的方法："微观的"研究提出了人类需要的等级层次，并把领导方式看成是团体相互作用以及情形化的现象。"宏观的"研究关注于正式系统和感情、行为及其相互作用的非正式系统，并把二者结合起来。它们共同开辟了"新人道主义"的组织理论。

在微观层次上，更早一些时候，亚伯拉罕·马斯洛为人本主义心理学的探索开辟了道路。他提出，应通过提高组织实践水平来改善雇员的精神健康状况。马斯洛把人的需求视作一个动态的相互作用的体系。虽然缺乏研究证据的有力支撑，但非常重要，它为人际关系原则及其在组织环境中的应用提供了一个清晰的范例。行为科学家们努力去发现过去在有关组织、工作设计、激励和领导的观念上所存在的障碍，并发展出助长组织变革，促使个人发展与领导发展等一些相关概念。

克里斯·阿吉里斯提出了"个性与组织"的假定，或称为人类行为的"成熟与不成熟理论"。他总结道，正式组织使得个体不成熟并有悖于自我实现，因此应对组织加以设计，以减少个性与组织间的不一致，从而达到和谐：扩大职工的工作范围；采用参与式的、以职工为中心的领导方式；使职工有从事多种工作的经验；加重职工的责任；更多依靠职工的自我指挥与自我控制等。②

玛丽·福利特信奉团体主义，她针对美国20世纪早期的劳资双方冲突的状况提出了关于民主的新概念，即民主是一种社会意识而不是个人主义的发展，并在完形心理学的影响下认为团体努力的目标是一种结合的统一性，它超越其各个部分，进而倡议劳资双方应负起共同的责任。福利特试图用"共享的权力"代替"统治的权力"，用共同的行动来代替同意和强制，使人称化的命令变得非人称化，并变服从为对"情景规律"遵从。对她来讲，良好的人际关系的实质就是创造出一种同某人一起工作而不是在某人之下工作的感觉。而作为领导者的任务就是协调，协调为了达到统

---

① 〔美〕梅奥：《工业文明中的社会问题》，费孝通译，商务印书馆1964年版，第30—87页。
② 关培兰：《组织行为学》，武汉大学出版社2001年版，第447—448页。

一，而统一就是控制。①

麦格雷戈采用了福利特的术语，同时对阿吉里斯的观点做了少许变通，并在当时流行的人本主义思潮的影响下，将其倡导的新观念扩展为人的本性与人的行为是决定管理者行为模式的最重要因素的管理假定——管理者基于他们关于人的本性的假定，按照不同的方式对人进行组织、领导、控制和激励。第一类假定称为 X 理论，它所代表的是"关于指挥与控制的传统观念"，这一观念以五个有关人性的假设为前提：（1）一般的人天生懒惰——他尽可能少干活。（2）他缺乏野心，不愿负责，愿意受到引导。（3）他天生以自我为中心，无视组织的需要。（4）他天生抵制变革。（5）他容易受骗，不是很聪明，容易受到骗子和野心家的哄骗。麦格雷戈认为这些观念并不正确。管理者应该认识到员工以马斯洛层次论中的较高层次的需要为动力，并能在工作中独当一面。他的 Y 理论代表了如下的管理假设：（1）工作中体力和脑力劳动像游玩或休息一样自然。（2）员工对要达到的目标会表现出自我引导和自我控制的愿望。（3）与成就相关的报酬是使员工为达到目标而工作。最重要的是，这些自我实现需要的满足应该是为达到组织目标所付出努力的直接产物。（4）在适当的条件下，一般人将学会不只是接受责任，而是主动寻求责任。（5）在解决组织问题时，能够发挥较为丰富的想象力、判断力和创造力的现象普遍存在，而不只存在于某些人身上。（6）在现代工业生活的条件下，普通人的智慧只得到了部分开发。②麦格雷戈的 Y 理论实质是"个人目标与组织目标的综合"，即坚信组织中的和谐是可以做到的，但不是靠硬性或软性的手段，而是靠改变对人性的假设，要相信他们是可以信任的，能够自我激励、自我控制，具有将自己的个人目标与组织目标结合起来的能力。Y 理论在旧的人际关系观念与新的组织人本主义之间起到了一种桥梁作用。

赫兹伯格在 20 世纪的 50—70 年代基于对个体心理健康的研究，归纳了有关造成工作满意和不满意的因素的员工报告，提出了激励—保健理

---

① 参见丹尼尔·A. 雷恩：《管理思想的演变》，李柱流等译，中国社会科学出版社 1997 年版，第 333—346 页。
② 〔美〕凯瑟琳·米勒：《组织传播学》，袁军等译，华夏出版社 2000 年版，第 30—31 页。

论。他的这一理论的基本前提是,有一组工作特点能够使员工感到快乐和满意,如责任、成就、认可、挑战性,这些工作因素可称为动因或激励因素;另外一组因素的缺乏会使员工感到不满和不快,如物质工作条件、工资、福利、公司政策及管理技术水平,这些工作因素可称为保健因素。赫兹伯格不像马斯洛那样把这些因素按优先层次排列。相反,他指出激励因素可以在缺乏保健因素时存在,保健因素也可以在缺乏激励因素时存在。表2-1举出了四种可能存在于工作中的情形。

表2-1 赫兹伯格激励-保健理论有关满意和不满意的图例

	具备保健因素	缺乏保健因素
具备激励因素	*情境1*:快乐,同时不会感到不快乐	*情境2*:既不快乐,也不感到不快乐
缺乏激励因素	*情境3*:快乐,同时也感到不快乐	*情境4*:不快乐,同时也感到不快乐

资料来源:凯瑟琳·米勒:《组织传播学》,袁军等译,华夏出版社2000年版,第28页。

当今,组织行为分析已经成了一门成熟的学科,它的成熟性特征主要表现为,研究者不再以一种简单的感性的方式分析人的行为模式,而是在实证的基础上做出了更为实际的判断。奥德弗的ERG理论修正了马斯洛的需求层次理论,否定了人的行为中存在着一个"满足—前进"的通路。有着更大影响的弗洛姆第一个将期望理论运用于工作动机并将其公式化。他提出,一种行为的强度取决于个体对于这种行为可能带来的结果的期望度,以及这种结果对于行为者的吸引力。这一理论着眼于3种关系,如图2-1所示。作为一个权变模型,期望理论认识到,不存在一种普遍的原则能够解释所有的激励机制,特别是一个人希望获得满足的需要并不能保证这个人自己认为高绩效必然带来需要的满足。[①] 类似的发现还有诸如认知评价理论、目标设置理论、强化理论以及公平理论等。虽然受20世纪六七

---

① 〔美〕斯蒂芬·P. 罗宾斯:《组织行为学》,孙健敏等译,中国人民大学出版社1997年版,第180—181页。

十年代兴起的"生活质量运动"的影响,一些研究者开始从根本上动摇由狭隘的人力资源管理理念所支配的人道主义,但传统的人力资源管理取向仍是这一研究领域内的主要向度。可以说,许多人力资源管理理论关注的是组织如何利用"人"的问题,而不是组织是什么的问题。

个人努力 —1→ 个人绩效 —2→ 组织奖励 —3→ 个人目标

图 2-1 期望理论

资料来源:斯蒂芬·P. 罗宾斯:《组织行为学》,孙健敏等译,中国人民大学出版1997年版,第180页。

微观层次的行为分析必然引导宏观层面上关于组织理解的发展,这些理解是由不同的研究者提出的,因而具有相当程度的丰富性。

一是从利于员工自我实现的角度倡导组织发展。这一观点以工业心理学的发展为基础。一方面要求在工作设计中为工人增加寻求意义的机会,另一方面提出了关于组织内权力的平均化问题,重视"管理中的参与"。这种观念无论是在实业界还是在理论界竟成一时风气。例如,20 世纪早期,美国的实业家就提出"自下而上的管理"的口号,制定并应用一种参与哲学,试图解放思想,并鼓励人们自下而上地发挥主动性,包括责任与权力的广泛授予,在决策中相当程度的管理自由,在各级人员间自由交换意见,以及承认管理人员可以通过有失败的自由而得到成长。这种管理新模式被看成是行动中的民主、信息交流渠道的开辟、权力的分散、对人们进行激励以便对组织目标承担更多的责任。运用人本主义指导组织分析从而产生较大影响的应首推利克特,其支持关系理论是对人本主义哲学的主要应用。该理论认为,在一个组织中,如果下属从实际经验中感受到上级是支持和重视他们的,每个人都有价值,那么职工就可能对领导做出积极的反应;反之,如果感到上级对他们不重视,甚至在组织中没有尊严和个人价值,那么,他们就会对领导持消极的反应态度。在此基础上,利克特设计了一个层级重叠的组织结构模型。他提出,当一个组织所要发挥的效能,不仅依赖于个人的作用,而且要依赖具有高绩效目标的高效工作群体的作用时,组织管理就应当努力建设上述的一些高效能的工作小组,并领导同时作为不同小组的成员的人,将这些小组联结为整个组织。一个小组的上级是另一个层次小组的下层,如此相互贯穿于组织之中。如果工作小组在每一个层次上都是结合得很好和有效时,那么组织中的小组间的联结过程就能很好地完成。① 显然,利克特图式区别于等级森严的韦伯图式。

二是重视组织的隐性系统,并在设计中提出了结合的要求。古典组织科学理论的重心在于分析组织的行政逻辑,这一逻辑可以通过组织结构图直观地反映出来。行为分析从更广泛的观点考察人群行为,并认为社会关系系统构成了组织的显性行政逻辑的隐性基础,这一研究结果为以后组织理论的发展做了准备。比如,梅奥认为,经营组织受3种逻辑的支配,即技术逻辑、效率逻辑、感情逻辑。② 因为任何一种经营,都首先可以区分为技术组织与人的组织,前者是为实现生产目的而使工具、机械设备等物质手段系统化的物质组织,后者则是由经营者、技术人员、工人、事务人员等较多人构成的社会组织。社会组织还可以再划分为正式组织和非正式组织,正式组织是受职能关系支配的组织,非正式组织是人与人间的相互接触和相互作用的社会关系形式,由于发展社会关系满足了人们的归属需要,所以非正式组织在正式组织中不可避免地产生了。巴纳德接受了梅奥的这一见解并做了进一步发挥:"非正式社会态度、习惯、风俗影响着正式组织,并且部分地通过正式组织而表现出来。它们是同一现象的相互依存的两个方面——社会由正式组织所构成,而正式组织则由于非正式组织而具有活力并受其调节。要强调的是,两者缺一不可。其中一个失败了,另一个也会解体。"③

梅奥与巴纳德隐含论及了组织的社会系统与技术系统结合的构想,但明确提出"组织结合"观点是 E. 怀特·巴基。他发现有五种主要因素或"组织的结合": (1) 职能说明书,或作业及部门关系的组织说明;(2) "地位-系统"结合,它把人置于一种权力等级制度和指挥程序之中;(3) 一种传递重要情报的信息交流系统;(4) 一种为了实现组织目标而提

---

① 朱国云:《组织理论:历史与流派》,南京大学出版社1997年版,第120—121页。
② 〔美〕梅奥:《工业文明中的社会问题》,费孝通译,商务印书馆1964年版,第90页。
③ 〔美〕切斯特·巴纳德:《经理人员的职能》,孙耀君译,中国社会科学出版社1997年版,第96页。

供刺激和控制的奖励系统；（5）"组织章程"结合，它包括所有组织的"特征"或单位性质的要素。巴基又试图对能把正式系统和非正式系统结合起来的过程分成两类：一是社会化过程，即组织通过社会化确定人们在组织中的"位置"及他们所执行的职能；二是个人化过程，即个人确定他们在组织中所要获得的身份以及他们期望于自己的行为。这样，巴基就为组织分析提出了一个从概念上加以诊断的工具，其理论成了以后社会技术系统分析的一个组成部分。与此同时，乔治·C.霍斯曼也提出了关于社会技术系统的观点。他把一个团体的整个社会系统分成为一个"内部系统"和一个"外部系统"。外部系统由团体以外的各种力量或环境因素所组成。内部系统则由能影响外部系统的团体的社会生活内的各种要素所组成。外部系统与内部系统相互影响从而导致正式组织和非正式组织之间的相互作用。霍斯曼还进一步把相互作用而又能在内部系统和外部系统两方面找到的各种因素归结为：活动、相互作用、思想情感，这是些必须从所观察的行为中推断出来的概念。[①] 概括地说，行为科学时期的许多组织分析都为组织是一个社会技术系统的观点铺平了道路。

三是通过引入新概念进一步推进了组织分析的发展。第一个是切斯特·巴纳德的"作为协作体系"的组织分析。巴纳德认为，分析协作体系的经验的最有用的概念是这样一种定义——正式组织是有意识地协调两个以上的人的活动或力量的一个体系[②]，因此分析组织的逻辑起点是个人行为，个人为了其目的而进行协作。协作体系的运营有时需要个人目的转换，之后，组织就拥有了超越于个人的目标。由于巴纳德重视个人的动机，他又着重考察了个人目标与组织目标的关系，以及管理者拥有平衡二者之间关系的技能的重要性。与组织科学分析的观点不同，巴纳德更突出组织目标的共同性（由个人目标转换而来）以及个体动机对组织目标的影响，非常强调组织作为协作体系而非控制体系的特征。第二是西蒙的"有限理性"概念为组织理论发展所做的开创性贡献。西蒙

[①] 参见丹尼尔·A.雷恩：《管理思想的演变》，李柱流等译，中国社会科学出版社1997年版，第333—346页。

[②] 〔美〕切斯特·巴纳德：《经理人员的职能》，孙耀军译，中国社会科学出版社1997年版，第60页。

的这一概念源于个体心理学,他主要是从人的逻辑抉择与心理抉择的观点来探讨组织决策问题,并以此为基础推进了对传统的理性主义组织观的理解。他批评了法约尔和其他探求管理原则的人所提出的那些观点,并针对完全知晓所有选择的"经济人",提出了更为实际的"有限理性的人"。"有限理性"使得实现最好的可能决策变得非常困难,寻求"满意"而不是"最优"成为个人决策的常态。西蒙又认为,组织过程却有助于克服这一缺陷。"对于脱离社会的个体而言,他的行为要达到某种高度的理性是不可能的。"[①] 组织通过对目标进行限制,从而在过程理性中延展个体有限的实质理性——组织把大的目标分解并指派给个体或部门,通过具体化价值前提统一每一层级所必需的决策,提高个体行为的合意性,组织也支持他们做的决策,授予他们责任,并向他们提供各种处理问题的资源。总之,西蒙认为,组织的职能是限制个人以使之作为决策者在组织里使用理性。[②]

从上述微观与宏观两个层次的组织行为分析看来,这一理论的最显著贡献是,在传统组织理论勾勒出的显性工作系统之外,围绕人的因素,最大程度地发掘出了组织中的隐性的行为系统,提出了组织的显性系统应结合隐性系统的设计原则,在相当的程度上阐明了人道主义的立场。行为科学使组织研究的重心发生了重大位移,即把观察从将组织视为一个工作的系统引向了一个关于人的行为系统。

不过,尽管行为科学重视组织中的人的因素,并为组织管理的新人道主义开辟了道路,然而由于他们在总体上坚持"管理主义"倾向,其所谓的人道主义实际就成了一种虚伪的组织精神。梅奥的"社会人"假设代替"经济人"命题之后,工业社会学退化成了"奶牛社会学",因为据说就像吃饱喝足的奶牛一样,心满意足的工人也应生产出更多产品。霍桑实验在管理学界被认为取得了一定的成功,然而头脑清醒的工会领导人却有自己的看法:"在这9年中,这位非常聪明的哈佛教授所能想到的每一种实验都在女工身上尝试了。每一件你所能对向老鼠做的事都在她们身上发生

---

① Herbert Simon, *Administrative Behavior*, New York: Macmillan, 1976, p. 76.
② 〔美〕文森特·奥斯特罗姆:《美国公共行政的思想危机》,毛寿龙译,上海三联书店1999年版,第50页。

了,除了没把她们的脊骨和头颅劈开,取出其汁进行分析外……"① 行为管理的社会技术的最大缺陷在于,过分重视对工人的精神病理分析,没有真正承认工人应有的及应被正确对待的权利,以至于忽视了组织内部真正的利益冲突方面。

这一理论的本质还可从其发展轨迹的转向中得到证明。对于麦戈雷格意义上的一系列 Y 理论范畴中的管理建议,以后的人力资源管理专家进行了实证检验,由于发现坚持这一理论假设并不必然带来组织效率的提高,于是行为研究成了有针对性地采取管理措施的学问,暗自放弃了其人道主义的基本立场,因为组织的效率应是第一位的。20 世纪 50 年代末,被称为"人际关系先生"的美国人戴维斯将人际关系定义为"用令其在经济、心理和社会价值方面感到满意的方式,激励人们有效而协作地共同工作,从而使不同的人在工作环境中结合成为一个整体"②。80 年代的英国人斯托瑞揭示了所谓的人本主义的人力资源理论的真正目的:从本质上讲,人力资源管理是为了躲避工会的、掩饰管理控制方法的一种复杂的管理方式,是用来显示管理合法性的一种不同方法,而不是工具或手段。③ 管理学家凯拉韦发现,现实的组织管理中,许多人嘴上说自己相信 Y 理论,行动上却信奉 X 理论。例如,美国盖特美食公司的主页上有这样一段激情四溢的话:"我们共有一种热情,那就是献身精神。这种精神在任何管理培训教材里都找不到,但它流淌在每个员工的血液里。盖特美食的员工以速度取胜,以满足高难度要求取胜。"凯拉韦对此揶揄道:"非也。盖特美食的员工根本就没有兴旺发达。由于这些高难度的要求,他们上街抗议去了。"④ 所谓的新人道主义在很大程度上只是组织塑造的一种社会象征,而无其他意义。

总的来说,行为主义的组织理论的实质仍是理性主义的,它与科学分析倚重规则、技术与经济理性不一样之处在于,它发展出的是一种人际关

---

① 参见丹尼尔·A. 雷恩:《管理思想的演变》,李柱流等译,中国社会科学出版社 1997 年版,第 413 页。

② 参见丹尼尔·A. 雷恩:《管理思想的演变》,李柱流等译,中国社会科学出版社 1997 年版,第 138—175 页。

③ 赵曙明:《人力资源管理研究》,中国人民大学出版社 2001 年版,第 15 页。

④ 〔美〕露西·凯拉韦:《虚伪的公司精神》,载《青年参考》2005 年 10 月 19 日。

系控制的"公理"。行为科学的组织分析仍认为组织是实现目标的工具，虽然也开始注意到了参与者对组织效率的影响，但认为参与者的行为通过心理救济和组织发展是可以控制的。只是在程序与规则的硬控制之外，他们又发现了运用社会技术进行软控制的新途径，通过使用这些新技术，组织的人的要素不仅形式化而且更加一体化。在此，管理者获得了精神病理学家的身份，他们对于参与者的"反常行为"只是治疗性地将就着。行为主义在家长主义的外衣下其实掩藏着并不人道的居心，他们并不视参与者具有独立人格，而只是将之作为一种"人力资源"，只不过这种生产资源要进行改造，而且认为是可以改造的。这如同佩罗对巴纳德的嘲笑一样，行为主义在实质上体现为一种"道德霸权主义"，他们仍旧保持着天使般职责的正当性，进行着对人的"人道主义"操纵。

四、作为利益集合体的组织

在最基本的方面，关于利益集合体的组织认知是针对理论家已经建立起的对理性系统模式的不切实际幻想做出必要反应而发展起来的。理性系统的理论家将组织设想为特意设计以实现特定目标的社会工具，而利益集合体论的研究者则强调组织首先是利益集合体，以及因此而产生的组织目标与参与者目标间的不一致性问题；理性系统的理论家强调组织过程的和谐与一致，而利益集合体的理论家则强调组织内的利益分化甚至对立的事实；理性系统的视角强调组织效率在一定条件下优于其他社会集体行动，而利益集合体的理论家则使我们注意到这些特征并非组织仅有的，同时也并非是其必然的特征。"从这一意义上讲，大多数模型（即理性系统模型——本书作者注）不是用来描绘实际存在的组织，而是分析家认为可能成为或者他希望能看到它成为现实的倾向。"[①]

韦伯往往也被认为是具有这种倾向的思想家之一。因为，无论人们对

---

① 〔美〕丹尼斯·J. 帕隆博：《组织理论与政治学》，载格林斯坦、波尔斯比《政治学手册精选》，储复耕译，商务印书馆1996年版，第91页。

韦伯的主要思想做出什么样的判断，可以肯定，韦伯确实在其著作中已经明确注意到组织中异常的利益与权力领域。

在对官僚制理性特质大加推崇的同时，韦伯并没有将组织目标与官僚制组织的效率想当然地联系起来，相反却已经认识到官僚制能以其自身的逻辑不可阻挡地发展，把大权集中于主人之手，把个体参与者贬至"永动机中齿轮"的地位，并有把人们囚禁于"铁笼"之中的潜在危险。这一切，一方面源于官僚受专业知识制约的巨大的实力地位，另一方面也是他们通过"职务机密"提高了其权力。① 充分发达的官僚制势必造成团体内的利益分离，特别是官僚组织的上层领导者依靠垄断信息、掩盖真相、阻碍雄心勃勃的官员之间的竞争等手段将自己与下层参与者进行区隔。

米歇尔斯支持韦伯的这一见解。他认为，19世纪后期德国的社会主义运动本来是一场社会民主运动，但运动一旦组织化后，由于领袖与大众之间在权力结构与知识上的分野以及领导者心理上的根源，主导权就开始转移到了领袖手中，他们从大众的"仆人"转变为大众的"主人"，领袖的所作所为日益脱离大众意志的控制、与大众利益相背离，民主运动演化为寡头统治。米氏将这一现象概括为寡头统治铁律——正是组织使当选者获得了对于选民、被委托者对于委托者、代表对于被代表者的统治地位，组织处处意味着寡头统治。②

韦伯的隐忧以及米氏的证明展示了组织的相对于理性主义的另一面：组织并不只是科学法则的编织物，它是一种利益场，谁掌握了组织，谁就将获取更大的利益。关于这一点，在尊崇科学法则以及追求"进步"的现代化的高歌猛进中，似乎并不能引起人们的太多的重视。对于主流的管理观念来说，将注意力集中在发展更有效地达到目标的技术与规则上更具中心地位，不太重要的是这些工作目标的起源，以及通过制定决策来实现这些特定目标而不是其他目标时，谁会获得好处，谁会受到损害。

带有左翼色彩的学者首先从作为现代社会科学开山者之一的马克思那

---

① 〔德〕马克斯·韦伯：《经济与社会》（上册），林荣远译，商务印书馆1998年版，第250页。
② 〔意〕罗伯特·米歇尔斯：《寡头统治铁律：现代民主制度中的政党社会学》，任军锋等译，天津人民出版社2003年版。

里寻求灵感。对于马克思来说，他的历史唯物主义是从对主体性关怀的哲学逻辑转换而来，他更注重资本主义企业中工人异化现象。他从组织的结果、行为以及社会关系过程三个方面揭示了异化形式：（1）劳动产品的异化；（2）劳动行为的异化；（3）人类与类的存在异化。① 从组织研究的角度看，马克思注重从私有制决定的社会与政治关系中寻求异化的根本原因，因而并不注重考察工业组织和社会组织的结构，但他把社会分层和社会组织混为一体的方法，会经常混淆由生产资料的私人所有制产生的社会阶级形态与在工业企业中代表厂主和工人的具体组织形态。

自韦伯明确了组织分析的社会学领域后，一些理论家结合着异化的视角把韦伯的隐忧更明确地表达了出来。他们发现，在官僚体制面前所有的人都只是一些被统治的客体，人们感到有一种超乎自身的外在的力量在左右着自己的命运。正如托尼斯对称之为结社核心的"选择意志"所显示的，它是组织理性计算进行选择以及目的手段的彻底分离之中产生的，是官僚制中社会关系的原型。它不是人与人之间的关系，而是职务与职务的关系。在极端的场合，就造成了人的异化。这不但会产生司空见惯的脱离行为，而且会产生一方面漠不关心，另一方面又过于统一的现象。默顿、塞尔兹尼克、古尔德纳等人的研究主要指出了官僚制组织功能失调的严重后果。他们假设，把人当作机器的无意结果实际上是鼓励不断采用一种"机械"模式。这三名作者的理论体系在一般结构上非常相似。他们把某种旨在控制组织成员活动的组织形式或组织程序作为基本的自变量。这些程序主要以我们称之为人类行为的"机械"模式为基础，它们表现出可被组织领导人预见的结果，但也有另外的、不可预见的结果，后一结果强化了运用控制手段的倾向。例如，默顿提出了官僚制的反功能理论——目标置换、刻板性与防御性的人格等；塞尔兹尼克提出了授权产生的利益分歧对组织目标实现来说具有的功能协调与功能失调的两种结果；古尔德纳主要分析了工作规则增加了组织权力图以外的组织成员关于最低限度可接受的行为的知识，从而使组织处于低功效状态。传统理论的和谐气氛被打

---

① 〔德〕马克思：《1844年经济学—哲学手稿》，刘丕坤译，人民出版社1979年版，第48—51页。

破，人们发现组织充满了沉闷、压抑及病态气质。

一些理论家认为，组织与个人的矛盾所产生的不满、分裂、冲突是"开放社会"的必然代价。被控制的组织中参与者的反常行为除了是组织异化的表征，同时也是组织冲突的结果，因为组织中的参与者是有能动性的。本迪克斯比较了社会阶层和科层体系。前者是"一种普遍的倾向，即在社会和经济上有相似地位的人们会有共同的观点并从事集体的活动"，后者也是"一种普遍的倾向，受雇于等级组织中的人们会遵守规章，并根据组织来确定自己的利益与思想"。[1] 这些倾向其实是为了说明领导者能够将其自身的任意行为与交往的特权合法化，同时也能将服从的义务强加给所有的下属。

达尔顿在十年时间里对四个组织进行了研究，他从组织中的行为结构的分析中得出结论说："如果我们的案例典型的话，那么冲突就是典型。"冲突没有被描述为不正常或病态，"冲突在建造或破坏的平衡中上下浮动"。他并没有采用科层制理论，即认为组织成员都有惰性并愿意遵从规章，他认识到积极寻求是人类的本性，人们的基本意向就是使整个世界围着他的利益转。他对组织内部冲突的多种基础做了具体的阐述：在部门之间、在不同等级的官员之间、在职员和官员之间、在集团之间、在个人之间。[2]

在对冲突的研究中，科罗齐埃从权力游戏者的平衡的角度对组织内的显性控制结构进行了考察。他认为，组织的官僚制特征是领导者与参与者共同构建起来的。他以巴黎会计师事务所以及联合工业垄断企业为例，描述了组织内的规则控制的不断加强，其实是各方为了避免面对面的接触而在游戏中采取的最合适的方式，规则保护了组织内不同群体间的距离以及不同群体能够控制的不确定领域，这一领域内不确定的、不容他人染指的，甚至非理性的东西成了权力的基础。由于这些原因，一个组织不单纯是由完善的科层机器规定的权力与义务所构成，更不是由老板或技术结构对劳动力的剥削和劳动力对剥削的反抗所构成。组织是由一些相互冲突、

---

[1] Bendix Reinhard, *Work and Authority in Industry*, New York: Wiley, 1956, pp. 20—21.
[2] Melville Dalton, *Men Who Manage*, New York: Wiley, 1959, pp. 165—263.

相互依存的游戏所构成的一个复杂的整体。通过这些游戏，掌握着往往各不相同的王牌的个人，遵照环境所确立的不成文的规则，充分利用自己的一切权势，拼命地削减他人的优势，以求最大限度地谋得自己的利益。这种游戏是非常不均衡的，但是从游戏者的角度去看，任何游戏者都没有完全失去机会。不均衡主要存在于游戏之间，而不是游戏内部。整体只是靠分裂和大量的暗地活动才得以立足。由此产生了这样一种势不可挡的倾向：虽经领导者的不懈努力，沟通的障碍却仍旧在扩大、保持或重新树立。正是由此产生了因循守旧和呆板僵硬。也正是由此产生了那些表面非常理性的组织的低效率。① 在克罗齐埃这里，权力游戏的平衡是组织各种利益平衡的基础，而这两者又构成了组织以及组织过程的内容。

与管理批判者阐明的组织内的异化、冲突、不平等状态不同，甚至也与克罗齐埃从组织的各层级间权力游戏策略均衡角度来理解的组织权力平衡体不同，还有人从协作，即合作剩余的角度，来说明组织的利益联合体性质。这个论点最早来自亚当·斯密1776年对别针生产的著名论述：如果将某一工作恰当地分成许多部分，然后再系统地利用技术加以组织，就会提高生产率。除此之外，在组织协作活动中，还有其他的原因更进一步地提高合作收益：（1）劳动力内部的专门化使组织得以利用其成员所拥有的特殊技能，并通过反复的运用和学习促进这种技能的发展。（2）由于所需要的各种技能具有不同的复杂性，所以引入了不同的工资级别，这样进一步的节约通过工作的细分而得以实现。（3）相关过程的"聚集"由于能源资源的共同使用而得到促进，这一过程又促进了能源的更有效利用、原料的集中、生产的集中以及规模经济。而且工人的集中使管理者更容易对工作进行监督和控制。② 当然，并非只有生产组织才同劳动分工和专门化直接联系。我们知道，韦伯提出了关于政治管理体系的相似的观点。他的科层制理想类型特别着重于专家与技术官员之间固定的劳动分工。他明确指出过，科层制形式之所以能取代早期的、更加传统的社会结构，是由于科

---

① 〔法〕米歇尔·克罗齐埃：《科层现象》，刘汉全译，上海人民出版社2002年版，第6—7页。
② 〔美〕理查德·斯科特：《组织理论》，黄洋等译，中国人民大学出版社2000年版，第143页。

层制具有更高的效率。需要说明的是，无论是斯密或是韦伯，他们在指出组织协作产生合作收益时只是指出了问题的一个方面，而对于收益在组织内的分配以及组织内部各种资源的不均衡配置状况他们很少涉及。鉴于这种倾向，本书前述中已将之归入理性主义的组织理论范畴。不过，这里讨论联合收益问题至少是提出了个体收益率与联合收益率的差别，从而为联合利益分析开启了闸门。

20世纪50—60年代，塞尔特和马奇在坚持组织对个人补贴的基础上提出了组织是政治的利益集合体这一观点。人们参与组织，是因为组织对成员具有利益补贴功能——组织运行的结果相对于单个人的行动来看会产生增益。塞尔特和马奇发现，这种观点在组织理论中是几个不同观点采纳的一种相同的基本主张，特别是在诱导—促成理论、博弈理论和团队理论中，这些基本观点高度一致。这些理论都说明：（1）组织中包括选择次序的范围变化很大的个人成员（至少是潜在的）。（2）通过协商和补贴，组织的参与者为某一计划的目的在联合体内达成协议，这种协议明确说明联合体共同的利益选择次序（或说成组织的目标）。（3）随后就可以把这个联合体看成一个战略家、企业家或你想象的其他个体。但塞尔特和马奇认为，共同的利益选择次序并不是对真正的组织目标的特别好的描述。协议背后相当模糊的目标中，对有关子目标有着大量的不一致和不确定的因素。一个组织，表现为一个时期追求一个目标，而在另一个时期则追求另一个目标，组织的各个不同部分表现为在同一时期追求的目标也不相同。另外，研究表明，绝大部分的组织目标采取期望值的形式，而不是实际所能达到的最大化和最小化的结果形式，并且期望值会随着实践的改变而改变。在不断改变过程中，联合利益中的各个部分甚至于各参与者间在每一次改变中都需要一个新的互动，而此时的联合体成员仍不可能获得一个简明的不变的要求清单，特别是他们的要求的数量和种类取决于其在新目标中的活动范围及对其义务的其他要求。① 这种观点被费弗尔和萨兰奇科以及其他的一些人所采用。

---

① 〔美〕理查德·塞尔特、詹姆士·马奇：《组织目标的行为理论》，载竹立家等编译：《国外组织理论精选》，中央编译出版社1997年版，第86—99页。

马奇等关于组织目标的分析是决策过程学派一个重要组成部分。除此之外，西蒙提出的"有限理性"概念主要是从个体心理学的角度分析了组织决策的非完全理性的一面。更进一步，林德布洛姆认为组织中的决策过程受交往结构的影响，也并非是完全理性的选择过程，在诸如信息的可获取、价值优先性、目标比较、结果预期等构成的超负荷系统中，显示为一种"竭力对付"的科学。① 这一决策观的实质是指出了组织决策并非受一致的理性法则的支配。

对于组织结果的不可理性计算特征，还有一些人进行了似乎匪夷所思的描述，他们立足于对非科层组织的研究，提出了组织决策过程的"垃圾桶模型"。考亨认为，非科层组织有四个模糊性的特征：目的的模糊性、经验的模糊性、权力的模糊性、成功的模糊性。这些特征决定了决策的五个主要性质：（1）大多数问题在大多数时间里对大多数人来说并不重要。（2）整个系统有很大的惯性。（3）任何决策对几乎任何问题都可以成为垃圾桶。（4）当系统超负荷时，决策结果容易脱离决策过程。（5）组织的信息基础薄弱。② 对此，温纳进一步认为：（1）垃圾桶模型假定没有时间限制，决策一直在做直至做出为止。（2）进入或离开一个组织的"问题流"是独立于其他的选择、结果和能量的。（3）为了寻找一个能解决问题的选择过程，问题自动地在各种选择机会之间流动。也就是说制定决策被看作一个吸收可利用的能量、解决问题、得到结果的活动，这种结果在很大程度上由各种偶然事件决定。③ 垃圾桶模型用来说明组织决策的随机性，而本书更愿意强调这种随机性既是组织内利益分化的结果又为政治活动提供了更多机会，尽管利用某种机会并不总能实现某种非组织的利益。

综合异化、冲突与联合的观点可以看出，将组织作为利益集合体的观点的最突出贡献，是将利益分配问题引入组织分析之中，说明组织不仅是

---

① 〔美〕查尔斯·E. 林德布洛姆：《"竭力对付"的科学》，载彭和平等编译：《国外公共行政理论精选》，中央编译出版社1997年版，第223页。
② 〔美〕米察尔德·考亨：《在非科层组织中的领导》，见竹立家等编译：《国外组织理论精选》，中央编译出版社1997年版，第174—180页。
③ 〔美〕杰费瑞·普费弗：《认识决策中权力的作用》，见竹立家等编译：《国外组织理论精选》，中央编译出版社1997年版，第254页。

目标实现的工具而且也是利益实现的场所。此类观点坚持了一个常识性的、但又在其他一些理论中不被重视甚至经常受到忽视的假设,即一个人不仅有一双手和一颗心,还拥有一个头脑、一种计划、一种自由。这种假设没有将组织中的人与其他一般的社会关系中的人完全从性质上割裂开来,从而能更大限度地修正理性主义组织观:它没有将组织绝对理性化,没有将组织占有者以及组织中的管理者神圣化,更没有贬低组织中其他参与者的利益与价值。此维度下组织分析会得出不同于纯粹将组织视为社会生产单位的见解。

参与者的能动性与理性能力的有限性、个人目标与组织目标之间的差异性,再加上西蒙等人所说的组织本身的有限理性,导致了组织的理性化体系的失灵,决定了其内部过程是一个由各种参与者及其所在集团之间控制与反控制、讨价还价、相互影响、相互妥协的过程。组织过程未必由理性公理所决定;组织并非先天具有一致而普遍的目标;利益的考虑意味着参与者的行为更多地表现出策略性;组织的目标不一定是连贯一致的,它的变化通常结合着政治过程;组织目标和组织决策常常只是松散关联的,一个组织对其目标的表述常常是理性的,但实际组织运行过程与这些理性目标背道而驰。[1] 没有理想的组织类型,也更不可能有符合某种标准的理想结果。行为主义者试图通过劝诱获得贡献,但实际上个人总有机会提出自己的"不高尚的目标",且其利益不一定补充组织的利益。因此,人的有限理性再加上其与组织目标的差异通常构成了人们探索实际组织行为或欲获得某种行为时需要认真对待的因素——要使概念的逻辑同日常组织行为的实际逻辑尽可能地吻合,人们就必须对某种主观预设的概念保持警醒。

不过,此类对组织过程的政治分析的观点强调了参与者的能动性,而对于结构性权力、制度性权力重视程度不够。组织的最显著特征就是它是结构化了的社会集体行动领域,同时又是制度的载体。不对结构性及制度性的因素予以足够重视,不利于全面解释组织各种事实。例如,对小集团及其联盟的分析,莫泽利斯评论道,这可以引导我们把组织看成是一种由

---

[1] 周雪光:《组织社会学十讲》,社会科学文献出版社2003年版,第166—168页。

快速变化及不断冲突的小集团所构成的令人困惑的马赛克，这些小集团切断了传统的对部门的忠诚。① 霍尔也认为，尽管人们认为这种观点有利于防止过分强调组织的结构，但它还是过于偏激。如果成员间没有共同的相互作用的基础，或成员间不存在相互作用，那么小集团及联盟就不会形成。显然，小集团及联盟的形成绝不是随机的，它们发端于已有的组织秩序，又有别于这种秩序。小集团及其联盟可以在纵向及横向组织结构中产生，并能成为个人及其附属团体的利益代表。这一事实说明，组织内部权力变量之间存在着持久的相互作用。②

联合利益的观点虽然提供了一个能进一步推进组织性质分析的前提，但在对组织理性的较为彻底的否定中，实际上又否定了这一前提。因为特别是在"垃圾桶式的"组织决策过程中，无论哪一方参与者也不能对自己利益实现的确定性做出一个带有最低限度的判断。没有预期，就不会有行动，也就不会有组织。

五、组织性质的文化阐释

以上三种观点并不在时序上严格地构成组织理论演化的直线前进的轨迹，但从中可以发现某种递进性。科学分析的观点推崇组织理性，几乎到了无以复加的地步。行为分析的方法注意到了组织中的人的因素，并因此和缓了科学分析的机械式隐喻。利益集合的观点高度重视组织参与者的能动性，又在发现人的有限理性特征的前提下，对组织理性进行了尽可能的质疑，他们强调的是，个体的有限理性并不必然导致组织过程的理性。

现在，随着组织文化分析观点的发展，流行的对组织特征与性质的阐述，表现出了与上述几种以"理性"观念为主要概念的理论分道扬镳的迹象，似乎社会价值的或意义的而非工具的或计算的方面构成了当代组织的

---

① Nicos P. Mouzelis, *Organization and Bureaucracy: An Analysis of Modern Theories*, Chicago: Aldine, 1967, p. 159.
② 〔美〕理查德·H. 霍尔：《组织：结构、过程及结果》，张友星等译，上海财经大学出版社2003年版，第132页。

实质,即使是后者仍被注意到,但也已经历史地转换成了一种文化内容。

在广泛意义上,文化观点主要是为了分析社会的基本意义及其稳定性问题。早期的社会学家已经注意到了规范性控制的重要性——在社会中,价值和规范既由行为者内化,又由外力所强制。从库利、韦伯到塞尔兹尼克和帕森斯,他们都认为制度的文化含义是指它是一种规范性结构,它为社会提供了道德框架。与从外部强加的法律规范不同,行为规范被参与者内化:行为由对正确的认识所引导,由个体对他人的社会义务所引导,由对共同价值观的信奉所引导。

20世纪80年代中期以后,组织文化成为组织理论家们的研究焦点。这是因为,在哲学社会学提供的新方法——例如,现象学和建构主义——指引下,一些组织理论家开始怀疑人们长期以来所坚持的以量化、准经验化、逻辑实证为主要特征的研究规划与方法对理解组织是特别有效的,他们向组织理论中占主流地位的结构主义和系统主义提出了挑战,否定关于组织只有一套行为模式的观点,认为这不过是依据一定的经验所做出的人为的基本假定,并非客观必然的东西。① 组织实质上是一个关于意义和行为标准的载体。组织理论的一个全新的基础渐露端倪。

与组织分析相联系的"新制度主义"② 学派重新发掘了认知或文化控制的重要性——制度③在社会互动中产生和发展,并为控制和引导不同社会情景下的行为提供了模型和指导标准,即制度是被认知的、用来支撑社会生活稳定和秩序的普遍符号体系和共同的意义。对这样的制度概念最有影响的贡献来自于彼得·伯杰和托马斯·卢克曼④,他们以德国唯心主义者狄尔泰、胡塞尔等现象学家的哲学基础为依据,并受到舒尔兹观点的强烈影响,认为由于在互动中的个体建立了支持集体行动的共同框架和共同认识。行为被重复的过程以及被自我和他人赋予相似意义的过程被定义为

---

① 朱国云:《组织理论:历史与流派》,南京大学出版社1997年版,第335页。
② 这里的"新制度主义"是在社会学而非政治经济学意义使用的,主要强调认知—文化要素而非管理要素。
③ 当前流行的说法是将文化看成"非正式制度",由于非正式制度是正式制度的基础,所以关于文化与制度的关系可以说成是,文化既在制度之内又在制度之外。
④ Peter L. Berger and Thomas Luckmann, *The Social Construction of Reality*, New York: Doubleday, 1967.

制度化：这是社会现实被建构的过程。人类学家吉尔在将文化重新阐述为"社会行为的符号"时，提出了非常类似的概念："我信奉的文化观念本质上是一个符号学的概念。同韦伯一样，我相信人类是悬挂在自己编织的网口的动物，我将文化看作是这些网……"①

这些有关建构社会现实的观点在组织分析中有影响力的运用来自于梅耶和罗文。他们在宏观层次上强调了在更广泛的制度环境里产生作用的文化规则的重要性。他们认为，当代社会包含了许多制度化的规则和模式的复合体，这些在社会中建构的现实为正式组织的建立和发展提供了基础框架。在现代社会中，这些制度可能会表现为理性的神话，因为它是被普遍坚持的信念，这些信念的影响"从本质上不在于个体对制度的信任，而在于制度'知道'每个人都信任它，因为'实际上'神话是真实的"②。制度之所以是理性化的，是因为采用了法则的形式，这些法详细说明了完成既定目标必须采用的程序。这些制度信念体系有力地影响了组织的形式："现代组织的许多主张、政策、纲领及程序是通过舆论、重要成员的观点、由教育体系合法化的知识、社会声望、法律、法庭上使用的过失和谨慎的定义来实施的。正式结构的这些要素正是强有力的制度法则——即对特定组织具有约束力的高度理性化的神话的表现形式。"③ 以此说来，组织之所以获得支持和合法性，是因为组织符合了"恰当"的建立组织的当代规范——这些规范是由职业权威和科学权威确立。组织如此强大，以至于符合这些信念的组织即便在没有特殊技术优势的情况下，仍能得到大众支持和信任。

制度法则和制度结构的影响体现在不同的层次。以广义的角度看，制度理论家认为，在很长一段时间里，组织与文化之间是以某种方式相隔离的。占统治地位的理性系统视角的研究者提出，组织是为了符合一般经济法则而理性地设计的技术装置。这些理论家宣称，背负文化包袱的是社会

---

① Clifford Geetz, *The Interpretation of Cultures*, New York: Basic Book, 1973, p. 5.
② John W. Meyer, "The Effects of Education as an Institution", *American Journal of Sociology*, Vol. 83, 1977, pp. 55—77.
③ John W. Meyer and Brian Rowan, "Institutionalized Organizations: Formal Structure as Myth and Ceremony," *American Journal of Sociology*, Vol. 83, 1977, pp. 63—340.

的其他部分——家庭、阶级、政党、教会、学校。在伯杰等人的影响下，制度研究者们逐渐提出这样的观点：理性的现代概念本身就是一个社会的文化的结构，即集体的、在社会中被认知的和实践的共识，强调确定具体目标的价值以及提出实现这些目标的明确的、正式手段的重要性。正如多宾指出的，社会科学家们迟迟才意识到，理性的组织实践在本质上是文化性的，并且几乎处于现代文化的核心，这恰恰是因为现代文化是围绕着作为手段的理性而形成的有机体。[1] 从这个普遍性的高度来看，组织体现了当代文化信念区别于早期的、浪漫的或传统形态的主要价值观。可以说，组织是现代社会形态的原型，是现代社会核心的特定制度。为了证明我们实现目标或维护某价值的严肃态度，我们必须创建组织来体现我们的承诺。[2]

根据文化学派对社会组织化的宏观解释，组织是重要的，因为它为我们提供了共同的意义，而这也正是组织的性质所在。依此观点，至于说组织中的人，真的就如吉尔所称的是被挂在了这张网上。这使人想起中学物理课堂上关于磁场的实验情景，在磁场的作用下，一粒粒铁屑被有秩序地吸附在磁铁的正负两极，只要磁场足够强大，几乎没有逃逸者。一个组织，越制度化、形式化，它就越成功，因为每个人都在这种形式意义上被固定了下来，他们的作用只不过是在复制、在强化某种意义。在这里，韦伯的"理性"被"意义"所替换，它构成了组织的最基本内容。组织成了一个并非由人组成的单位，而是一个外在于人的意义的体系或符号。

从文化学派的观点出发确实能说明组织的某些现象，但这或许不是解释组织的唯一的、甚至是主要的基础。十分明显的是，文化学派的上述观点虽从相对主义出发，却过于重视文化的制度功能，反而将文化客观化了。可以认为，站在建构主义的立场上，组织文化特质的宏观分析也仅仅是在社会的一级构建的角度来看问题的。这里存在几个不能忽视的问题。

---

[1] Frank R. Dobbin, "Culture Models of organization: The Social Construction of Rational Organizing Principles", *Sociology of Culture: Emerging Theoretic Perspectives*, Diana Crane. Cambridge, MA: Blackwell, 1994.

[2] 〔美〕理查德·斯科特：《组织理论》，黄洋等译，中国人民大学出版社 2000 年版，第 124—127 页。

第一，这里提及的社会的一级建构理论在相当程度上由于重视社会的规范框架而轻待了社会的分工结构。人类社会的发展是在两个相互影响的结构性因素支配下进行的，一个是社会分工，另一个是文化取向。在现代社会中，由劳动的社会分工建构派生出来的问题被社会学之父[①]视为社会秩序体制中最主要的维度。他们强调，现代社会"市场"的这种劳动社会分工使社会秩序的每一基本维度，即信任、权力调节、意义和合法化的建构方面，都产生了不确定性。"如果这些方面没有得到关注，任何具体的劳动社会分工和任何具体的社会秩序都不可能维持。"社会互动的任何持续模式的建构和"生产"，都基于劳动分工的组织结构与信任的建构、权力的调节、社会互动的不同模式的合法化的结合及其发展。可能一开始社会学家还未更多关注其中存在的矛盾性，但在反思现代性的过程中，这种矛盾性日益突出。也就是说："人们认识到了人类活动不断扩张的趋势，以及社会活动的不同成分或维度日益与它们所嵌入的框架脱离、日益相互分离的趋势。"[②] 这种趋势是由于现代社会中精英的功能所主导的，并表现为精英主义文化取向的成功。但是，正由于这种成功，现代社会中的人的存在问题也就成了另一个更为严肃的问题。对此，我们从自己的生活经验出发也能有所感觉。究竟我们所面对的社会现实在多大程度上是由精英建构的，而又有多少是由社会分工建构的？多少是客观的，又有多少是主观的？当忽视社会分工结构去构建社会文化结构时，到底能走多远？这本身就是一个非常难以想象的问题。

第二，社会的制度结构对组织的标准化有着明显的制约和影响，但这是从社会一级建构的现实看问题的。组织的形成过程是建构的建构，即所谓的社会二级建构。在这一过程中，存在着具体的利益关系、具体的人际关系、具体的权力关系，这些具体的关系的形成并不是一级构建的过程。人们认识到某种社会规范的存在是一回事，而人们要在具体的情景下进入这种规范规定的角色又是一回事。当把社会的一级构建的现实完全作为社会二级构建的现实时，必然存在一种盲目性，它已将文化看作是组织拥有

---

① 指的是马克思、涂尔干和韦伯。
② 〔美〕S. N. 艾森斯塔特：《反思现代性·导言》，载《国外理论动态》2006年第4期，第54—59页。

的事物。这种把文化客观化的做法过于冒险，因为当我们把文化客观化时，我们忽视了创造和维护组织文化的复杂过程。当我们把组织客观化时，我们也可能把它简化了。例如，我们也许会认为组织文化长期处于相对静止的状态。

第三，对组织文化的微观层面的、描述性的研究表明，组织并非仅是一个具有实质性的、统一意义的体系，组织并非完全是由精英或社会宏观制度环境所构建的。今天，大多数对组织文化感兴趣的学者都放弃了文化客观化的简化的研究方法，他们把文化看作是使一个特定组织"成为它自己"的、显现出来的、有时残缺不全的价值观、实践、故事和制造物。在符号互动主义和常人方法论引导下，人们发现了组织文化的三种特性：(1) 组织文化是复杂的。组织文化是由组织中的诸多元素极其复杂地组合起来显现的，包括仪式、庆典活动、价值观、信念系统、人工产品、隐喻、故事和传播规则等等。有些元素已被认识到，还有其他一些元素未被认识到；有些元素能被管理者熟练地制造，而又有一些元素却在此之外；有些元素是被较好地封闭在组织中，而又有许多元素总与组织外的环境相联系。这是组织文化的混沌的状态，而非清晰的、总是能被管理的领域。(2) 组织文化是显现的，是通过成员的互动的社会过程而创造出来的。帕特南认为，社会现实是一个象征性的过程。这个象征性过程是"通过行进中的行为和行为中的主观意念而创造出来的"[1]。帕卡诺斯基和奥唐奈-特鲁吉洛强调了组织文化的显现特征。[2] 这些学者主张，组织文化的研究应该集中考察文化被创造出来的传播过程。最好把这些传播过程看作互动的、背景式的、插曲式的和即兴表演的"表现"。文化表现是互动式的，因为它需要多个成员的参与。文化表现是背景式的，因为它们建立在组织状况和组织历史的基础上。文化表现是插曲式的，因为它可以被称为独特事件。最后，文化表现是即兴表演式的，因为不存在引导组织成员的剧

---

[1] L. L. Putnam, "The Interpretive Perspective: An Alternative to Functionalism," *Communication and Organizations: An interpretive Approach*, L. L. Putnam and M. E. Pacanowsky, Beverly Hills, CA: Sage. 1983, pp. 31—54.

[2] M. Pacanowsky and Donnell-Trujillo, "Organizational Communication as Cultural Performance", *Communication Monographs*, Vol. 50, 1983, pp. 126—147.

本。(3) 组织文化不是一元的，即组织不可能有一种单一的文化。大多数学者同意，组织的文化的特点是在和谐、冲突或彼此冷漠无关的状态下也许同时存在大量的亚文化。路易斯在讨论文化位置和文化渗透时探讨了组织文化的非一元性。[①] 他指出，组织中有多文化可能发展的位置，包括垂直片段（如分工）、水平片段（如某个层级），或一个特定的工作团体。这些文化位置都可作为共同意义显现的滋生地，因此广泛的亚文化可以在一个组织中的各个位置迅速发展。另外，组织中的亚文化发展水平可以用"文化渗透"来衡量。文化渗透包括三种形式，即心理渗透、社会渗透以及历史渗透。心理渗透是指人们对特定的亚文化具有相似的理解程度，社会渗透是指一个亚文化的普遍性，历史渗透是指随着时间的推移文化内涵所具有的稳定性。例如，作为中国执政党组织的文化誓言的"为人民服务"，绝大部分党员认可这一宗旨，因此它具有高度的社会渗透；这一宗旨已经提出了九十多年，显示出它有较高的历史渗透；然而对于不同时期的或不同的党员，它的意义可能不同，这样，它就有相对低的心理渗透。对组织文化非一元性的最后一个思考是，一个组织中的各种亚文化可能代表着权力和利益方面的重大分歧。总之，组织文化的价值、行为、故事、人工产品、规则和隐喻构成了一个复杂网络，它是在组织中被社会性地创造出来的，它使组织成为自己。

可以认为，研究组织文化不能偏废了组织内的物的结构，不能忽视了组织文化是在组织内建构的，不能无视组织文化的社会化创造过程。因此对组织性质的文化分析不能取代其他的观点。文化或许能创造组织，但它更多地是被组织首先创造的。

六、小结

"组织之谜"使我们备受困扰，看起来，特别需要一种进化论观点以

[①] M. R. Louis, "An Investigator's Guide to Workplace Culture," *Organizational Culture*, P. J. Frost, L. F. Moore, M. R. Louis, C. C. Lundberg, and J. Martin, Beverly Hills, CA: Sage, 1985, pp. 73—93.

减轻负担。事实上,上述所及的观点每当在其被视为理论上的又一次"革命"时,都曾站在某种流行观念的对立面,呈现出一种新旧更替的历史感。但这是一种错觉——无论在理论上还是实践中,旧理论并没有因为新理论的出现而寿终正寝,它也许会一时衰弱下去,可往往会随着某种新的理论逻辑的发展而起死回生。当然,那些曾经为人熟知的观点也会在所持立场上更加谨慎或丰富。这是非常奇特的景观。

似乎对组织之谜的解读应建立在对知识叠加式认同基础上。系统论思想在这个方向上做了努力——系统论专家坚持认为,这种思想能够在不同的学科之间建立联系。例如,伯尔丁的系统论思想就显示了此种特性。他认为,不同层次和类型的系统在构成要素的复杂性和相互关系的特质方面都有不同,根据层次的复杂性,系统可分为以下几类:(1)框架结构(如晶体中的原子排列);(2)时钟机构(如太阳系);(3)控制系统(如恒温器);(4)开放系统(如生物细胞);(5)蓝图发展系统(如蛋和鸡系统);(6)内在形象系统(如动物行为);(7)符号处理系统(如人的行为);(8)社会系统(如社会组织);(9)超自然系统。同时,每个层次都结合了下层系统的特征,许多有价值的信息和视角都可以通过将低层次系统的议题运用于高层次系统的议题来获取。① 系统论方法现已为组织研究领域所广泛运用。就本书所关心的问题看,系统论思想有一个不足,即它假定了世界不同层次的秩序中共同存在一个简单的模型。系统模型在提供一种可以解释世界联系方式的方法方面虽然有贡献,但却不能以之代替对组织本质的认识。

---

① Kenneth E. Boulding, "General Systems Theory: The Skeleton of Science", *Management Science*, Vol. 2, 1956, pp. 197—208.

第三章 组织的契约性质：
理解参与者之间关系的基础

前一章分析发现，现代组织在性质上表现为一个极其复杂的统一体，既是工具理性的，又是利益集合的，既是制度化的，又是参与者共同构建的，这些方面共同决定了组织的规范结构与行为结构、显性结构与隐性结构等之间的矛盾性。

接下来主要讨论作为现代社会中的一种普遍的联结，人与人社会关系的最主要的、基础性的关系——契约关系——对组织形成的根本影响。换言之，探讨在现代社会条件下促使组织形成的基础性关系，以此阐明现代社会中个人依据何种基于自身权利义务的预期进入一个行动控制的体系，同时这种契约关系如何决定组织内种种关系的不确定性。这是分析组织矛盾性及组织政治的逻辑起点。

一、社会结构与社会行为

组织是现代社会发展的一种结果，与现代社会新出现的一些特殊条件相联系。或者说，它是在新的社会关系的基础上，人类采用新的行动方式后积累和确立起来的制度形式及其载体。

（一）社会行为及社会关系的类型

对于构成组织的最基本因素，韦伯在阐述其社会学研究逻辑时有过比较系统的论证。根据韦伯的观点，社会中的集体构造（如政府、会社、股份公司等）只不过是特殊行为（社会行为）的组织模式和结果，个体才是这些特殊行动唯一的承载者。这样看来，组织是作为人与人之间关系联结的一种形式，或者说是各种社会关系中的一种特殊形式。因此，理解社会关系，就必须将个体的社会行为作为最基本的分析单位。

韦伯认为，一项行动被确认为社会行为必须具备两大要件：一是行动个体对其行为赋予主观的意义。这里的主观意义包括：（1）某个行动者在历史既定的情况下的主观意义；（2）诸多事例中，行动者平均或相类似的意义；（3）以概念构建的方式被当作一种或多种行动者的类型来想象其可能的主观意义。第一种意义是最根本的。二是行动者的行动指向他人，因而与其他人的行为——这种行为可以是过去的、现在的或未来预期的——发生意义关联。这里的"他人"可以是个人、熟人，也可以是不确定的多数人或完全陌生的其他人。由于社会行为不是同质的，欲使之成为一种有效的分析工具，就需要建构起关于社会行为的类型学体系。韦伯把社会行为分成四类：传统式行为、情感式行为、价值理性式行为、目的理性式行为。传统行为是由无意识地遵循习俗的机械行为所构成，通常只是一种含糊的对习惯性刺激重复其固有态度做出的反应；情感式行为是对于一种非日常性刺激无从控制的反应。这两种行动往往处在有主观意义的社会行为的边缘地带，徘徊在理性行为与非理性行为之间。价值理性的行为是始终依循着诫命或要求之引导，并以此为己任的行动，这种行动不顾及它可预见的后果，但它是合理的，因为它虽不以成功为最高目标，但注重与信仰的一致性。目的理性行为是一种彻底的理性行为，行动者不仅将其行动指向目的、手段和附带结果，同时理性衡量手段之于目的、目的之于附带结果以及各种可能目的之间的相互关系。

社会行为的类型决定了社会关系的性质。在斐迪南·滕尼斯的《共同体与社会》一书观点的基础上，韦伯将由不同的社会行为构成的社会关系分为两大类：一种是共同体化的社会关系，这种关系可以建立在任何方式的情绪或感情的基础上，也可以建立在传统的基础上，这种关系显然主要包含了以上四种社会行为中的前两种。另一种是社会化的社会关系，这种关系建立在以理性为动机的利益平衡或者同样动机上的利益的结合上，主要包含了以上四种社会行为中的后两种。①

尽管韦伯是从社会行为的类型出发分析人类社会集体构造的，但这也只应是一种理论演绎的需要。新社会学的观点认为，个人行为与社会结构是互构的。因此，我们也可以在某一给定的历史结构中，发现人的行为取向的类型。

依据韦伯对社会关系类型的划分，再以历史眼光考察人类集体构造特征的演变，可以认为，传统集体构造与现代组织的一个明显区别在于，传统的集体构造更多地表现出了共同体特征，而现代组织更多地表现了社会化特征。或者说，传统的集体构造中个体的行动更多表现为非理性，习俗与惯例、情感与共同属性在支配组织运行中起到了更为关键的作用，而现代组织中个体行为的理性化特别是目的理性化取向表现得更加突出。

（二）传统社会的结构与个人

相较于"现代社会"，"传统社会"是一个非常宽泛的指称，基本上是指资本主义工商社会以前的农耕社会。这一社会形态的存续在世界范围中都是一个漫长的历史过程，这里不从地域、时间等方面做精细分析，只是从一般经济社会的结构条件出发，对传统社会的总体集体构造以及人的行为特征做简要说明。

第一，从经济方面看，土地是主要的生产要素，其流动性及产出率皆低，农耕生产和自给消费构成最主要的经济关系，社会剩余财富总量缓慢增长，而且来源于某种挤占或剥夺。因此，以目的理性为主要意向的经济社会行为不发达。当然，这还与科技进步水平以及科技在经济生产中的运用，以至于对生产的协作要求程度较低等等其他因素有直接关系。

第二，从政治方面看，政治国家主要表现为部落国家、王权国家或帝国。由于作为传统社会的主要财富的土地的低流动性为统治者建立起固定势力范围提供了便利条件，再加上社会产出低效率，国家统治功能因此强于管理和服务功能。但是，国家权力的向下渗透力逐渐减弱，中央权力与

---

① 〔德〕马克斯·韦伯：《经济与社会》（上册），林荣远译，商务印书馆1998年版。

地方权力和社会权力之间在一定程度上存在着区隔,而且各级权力表现为特权,它是世袭和垄断而非开放的。在国家行政管理系统中,由于掠夺、挤占、镇压以及防御的需要,促使公共组织相对同时期其他性质的组织在规模以及完善程度上有较高发展,但由于传统社会还未足够积累因而缺乏相应的行政技术与手段,再加上其他的政治社会条件也不具备,行政管理的独立性、成熟性、有效性较低,公共组织中理性主义特别是目的理性主义取向不明晰。

第三,在社会层面,由于政治结构的等级式特征、经济的非交往性以及对政治权力的依附性,社会交往中必然存在着明显的依附关系。这种依附关系与社会日常交往结构中的血亲、熟人、地域等关系糅合在一起,使社会集体构造具有浓厚的血缘与地缘共同体色彩。

第四,在文化上,一方面社会层面的诸多习俗与惯例影响着人们的认知,另一方面强势的社会阶层为节约社会统治成本、保证社会稳定及产出最大化,也通过社会权力系统推广某种意识形态,这种意识形态所主张的是以有机主义、等级观念以及宗教神秘主义等为核心的共同体意识。这也决定了在文化层面上存在诸多的精神共同体,并广泛分布在整个社会之中。在局外人看来,每一精神共同体可能有着相似的精神内核,但其所眷顾和吸引的是内部成员。

滕尼斯曾把共同体分为血缘共同体、地缘共同体、精神共同体,并认为它们之间有一种逐步升级的关系,即血缘共同体发展和分离为地缘共同体,地缘共同体又发展为精神共同体,而精神共同体被理解为真正的人的和最高的共同体。[①] 以此看来,由于血缘与地缘的共同体都有上升为精神共同体的趋势,那么,当这些文化结构获得某种独立性时,将会进一步制约并使个体对于自身行为赋予的主观意义更具有非理性特质,而这种主观意义又会加剧社会集体构造的共同体性质。这样,无论是公共组织、经济组织还是血缘与地缘组织都会进一步获得一种依附的、有机主义的精神内核。

---

① 〔德〕斐迪南·滕尼斯:《共同体与社会》,林荣远译,商务印书馆 1999 年版,第 65—74 页。

概言之，由于传统社会中个人行为的目的理性程度普遍较低，因而在各种集体构造中的共同体成为社会关系的最基本类型，二者是相互塑造的。例如，费孝通曾提出"差序格局"概念用以说明中国传统的社会结构和人际关系特点："我们的格局……好像把一块石头丢在水面上所发生的一圈圈推出去的波纹，每个人都是他社会影响所推出去的圈子的中心，被圈子的波纹所推及的就发生联系……愈推愈远，也愈推愈薄。""在这种富于伸缩性的网络里，随时随地是有一个'己'作为中心的，这并不是个人主义，而是自我主义。"① 在费孝通看来，这里的"石头"就是以家庭为核心的血缘关系，而"血缘关系的投影"又形成地缘关系等。在费孝通的语境中，"己"的内涵极富特色。首先，从社会学角度看，"己"通常是作为社会的实体，是构成社会结构的最小单位，但在中国传统社会中"己"的实体不是独立的个体、个人或自己，而是被"家族和血缘"包裹着，是从属于家庭的社会个体。以"己"为中心实际上是以家族或家庭为中心，个人没有独立的地位和权利。其次，从作为社会学分析中的心理意义上的工具概念来看，"己"通常表示为人格自我，而在中国传统社会，它不具有独立的性格，同样被人伦关系包裹着，"己"只有在人伦关系中才有其意义，"己"因此是一种关系体，不仅包括自己，而且包括对自己在"差序格局"中位置的意识，甚至包括这些格局中的某些人。② 这种以血缘为中心的人际关系是不可以选择的，且影响广泛，以至于到了"家国同构"的地步。③ 费孝通这里从"己"推向整个社会的逻辑进路，与韦伯从社会行为的类型推导社会关系类型的思路是一致的。

不止东方社会，西方传统社会中个体与团体行动者关系特征也在其总体的社会结构制约下表现出了与东方社会在此本质上的某种一致性。通过考察中世纪的团体机构，科尔曼发现，基本的社会单元（采邑或庄园、行会、村庄）完全控制着其成员，并对他们拥有绝对的权威。个人享有的权

---

① 费孝通：《乡土中国·生育制度》，北京大学出版社1998年版，第26—28页。
② 卜长莉：《"差序格局"的理论诠释及现代内涵》，载《社会研究》2003年第1期。
③ 张岱年：《中国文化概论》，北京师范大学出版社2004年版，第48页。

利和利益都来自于其成员资格。① 这种社会关系的基础构造使传统权威在更高的层次上也处于一种专一和分散的结构状态,如世袭制及其各种表现形式,包括老人政治、家长制和封建制。世袭体系的最为简单而形象的例子就是家族制,即家长传统上拥有做主处理财产和其他事务的权威,并依赖各类成员的帮助,包括奴隶、仆人、子女等,进行事无巨细的安排。② 与此同时,斯迈尔考察了传统社会中各集体构造之间的关系,他发现团体行动者本身也是按照严格的等级制度组织起来的,下级单位在同心模式中对上级系统负责,并受其制约。③ 故此,欧洲传统社会也由于共同体类型的组织结构发展,使个人的工具理性取向也受到制约。

对于西方传统社会中统合个人行为的伦理范式,麦金泰尔曾提出过两个富有意义的结论。④ 一个结论涉及伦理精神所服务的特定社会结构。他在论及传统社会的伦理范式与古希腊的德性传统的渊源关系时,特别提醒人们注意,应立足于群体本位的传统社会的结构内核来理解传统伦理。由于传统的群体本位社会是一个人的依赖关系尚未被商品、货币所肢解的时代,各种群体形式耸立于个人之上,并先在地赋予人确定的社会身份,限定个体的责任和义务。个人的价值只有通过其社会功能的良好发挥才能在群体的共享图式中得到肯定,一个人若是试图脱离他既定的社会位置,那就是试图使自己从这个社会中消失。麦金泰尔的第二结论涉及道德生活的论证方式和践行方式。按照他的看法,由亚里士多德做出系统论证的传统道德体系,本质上是一种目的论体系。在这个体系中,存在着一种"偶然成就的人"与"一旦认识到自身真正目的后可能成为的人"之间的重要对照,以及使人由"偶然成为的"的现存状态向"本应该如何"的真实目的转化,其中原始的感性欲望和自然的生活样态本身并未被赋予"应然"的

---

① James S. Coleman, *Power and the Structure of Society*, New York: Norton, 1974, pp. 52—531.
② Vernon K. Dibble, "The organization of Traditional Authority: English Country Government, 1558 to 1640," *Handbook of Organizations*, Jams March, Chicago: Rand McNally, 1965, pp. 879—909.
③ Georg Simmel, *Conflict and the Web of Group-Affiliations*, Glencoe, IL: Free Press, 1955.
④ 张凤阳:《契约伦理与诚信缺失》,载《南京大学学报》2002年第12期。

道德意义。道德践行乃是朝向一种崇高目的的运动,表现为对正义、智慧、忠诚、勇敢、节制、虔敬的追求。

可见,传统社会是一个极富整体主义的社会,在精神品位或各种实在的社会关系方面均是如此。但是,将这些理解方式用于理解现代社会中的集体构造就显得不恰当。前一章分析现代管理学的主流观点时,一些理性主义的观点对其所依赖的哲学基础并没有给予严格的审视。

(三) 现代社会的结构与个人

斯科特在发掘个体和团体关系从传统向现代变迁时,认为这是在几个世纪中逐渐地、无规律地发生着的变化。[①] 形成这种变化方式的根源在于同时期社会结构以及人的知行模式缓慢变化。以下讨论中,将主要对促成西方社会的内生现代化的显著因素进行分析,因为相对于外诱现代化模式来看,内生现代化模式更具有典型性质。

这里首先讨论人们的认知方式的变化。一般认为,这方面的变化始于15世纪的一件标志性事件——君士坦丁堡陷落。之后,一些学者带着古希腊的著作来到欧洲,给西方的科学与哲学带来了新的养料,对改变人们的认知方式起到了明显作用。[②] 近代自然科学就是从15世纪下半叶,波兰天文学家哥白尼关于日心说的不朽著作宣告了自然科学从神学中解放出来的。首先获得发展的是关于物体和天体的力学,和它同时出现并为它服务的,是数学方法的发现和完善化。紧接着的是物理学的兴起,能量守衡与转化定律的发现为之奠定了坚实基础。在生物学领域,生物学和比较解剖学不断进步,生物进化理论也具有了确定的形式。自然科学的这些新成就为打破中世纪以来的宗教神秘主义提供了直接的武器,它证明了"人的伟大",肯定人能充分发展其智慧、知识和力量来揭示宇宙的奥秘。这些知识促进了社会领域中的人文主义的发展。人文主义的核心是人性论。人文主义者认为,宗教的统治使人性没有得到充分的发展,其实人是自由的,

---

[①] 〔美〕理查德·斯科特:《组织理论》,黄洋等译,中国人民大学出版社2000年版,第140页。

[②] 全增嘏:《西方哲学史》(上册),上海人民出版社1983年版,第354页。

有他自己的尊严，人可以达到一切他想达到的目的，这一切的基础就是人是有理性的。文艺复兴后，目的及价值理性的重要性在社会上蔓延开来。16—18世纪间，哲学的主要问题基本上集中在对人的主体性及其理性能力的论证上。人们坚信"知识就是力量"，相信人类依靠自己就能解决一切问题，给人类带来无尽的幸福与享受。拉梅特里的"自然的齐一性"、康德的"人的理性为自然立法"等正是人类试图运用理性战胜一切的直接宣示。难怪恩格斯曾经称这一时期是一个用头立地、用理性审判一切的时代。正是在这样一个时代，人的主体性得以充分张扬，个体从神秘主义意识结构的桎梏中摆脱出来。

其次是经济结构发生了显著变化，社会的经济形态由自然经济转向市场经济。对于这种经济形式发生变化的原因已有诸多深入研究。例如，按马克思的说法，经济形态的变化主要是由生产力或者技术进步而导致的，正是由于它们的进步，导致了社会分工的扩大、商品生产的增长和国内外市场的形成，资本主义市场经济形态得以逐步确立。更进一步，诺思认为，马克思论证的这些因素确实是确定经济的实际增长需要把握的一个尺度，但"如果经济增长所需要的就是投资和创新，为什么有些社会具备了这些条件却没有如意的结局呢"？① 诺思对这个问题的讨论是在考察两次经济革命的过程中进行的。他发现，两次经济革命的发生都是财产制度变迁推动的，而导致制度变迁的原因从根本意义上说是由于生产要素的相对价格发生了改变，才需要制度的变迁来保证经济增长。引起生产要素的相对价格改变的主要因素是人口——人口数量变化通过影响土地和劳动的相对价格，从而在改变经济组织和产权中起着决定作用。诺思发现，由于土地供给无弹性，以及在第二次经济革命之前技术创新的动力不足，因此两次经济革命都发生在历史上存在着两个重要的人口与资源比例的转折点上。② 第一次经济革命即农业部门成为经济产出的主要领域，是由于人口增长导致了人均资源占有率的下降，人口与资源的紧张关系导致了原来狩猎部门

---

① 〔美〕道格拉斯·诺思：《西方世界的兴起》，厉以平等译，华夏出版社1999年版，第7页。
② 〔美〕道格拉斯·诺思：《经济史中的结构与变迁》，陈郁等译，上海三联书店、上海人民出版社2001年版，第15页。

中的公共产权向农业的排他性公有产权发展；第二次产业革命——联结科学与技术的真正的技术革命，也是在人口的波动中逐渐由庄园经济的不完全的私人所有权向较充分界定的产权过渡的。可见，在诺思的理论中，人口的增长以创造市场经济、使劳动力收益递减和改变价格水平的压力的方式剧烈地改变了这个世界，它是打破现有经济均衡，从而产生制度变迁需求的革命性因素。① 总之，诺思认为，私人产权制度的完善直接促进了市场经济发展。

不论对经济发展动因有何争论，可以形成的某种一致是，随着市场经济的逐步发展，传统的社会经济生活发生了根本变化：私有财产权制度的逐步建立与完善，使经济活动的个体性得以发展；市场经济的要素高度流动，使土地对人的束缚作用受到了明显削弱，传统社会中的自然经济关系纽带被撕破；在"看不见的手"支配下的独立自主的理性经济交往活动日益繁荣，等等。

再次是政治国家发生的深刻变革超越了共同体或部落帝国式的政治协调模式。变化表现在很多方面，这里特别注意到的是宪政制度与民族国家的确立。宪政是一种在宪法约束下的政治运行模式，其主旨一开始主要体现在法律至上和王权有限两个方面。英国是"宪政的母国"，1215年英国的《大宪章》将这些宪法精神写入条款中，从而使议会制成为宪政的核心制度。在以后的发展中，英国逐步发展与确立了独立司法制度、责任内阁制度、两党制度和文官制度，等等。宪政制度的发展为国家管理的理性化提供了温床：（1）议会政治为用理性的手段解决政治问题提供了平台。由于议会是多元利益主体表达政治诉求的场合，神圣及神秘的政治话语被抛弃，运用理性的思维考虑和处理政治问题成为基本的手段，交换、妥协、宽容、平等的政治协调都是为了取得最佳结果。（2）法律至上原则剔除个人忠诚的非理性的任意成分，确立了一个人人都须遵从的非人格的法律体系。这个法律体系在形式上表现为一套逻辑清晰、首尾一致、普遍有效的抽象规则，并在司法实践中由公认的合法权威按照严格的程序将其抽象的

---

① 〔美〕道格拉斯·诺思：《经济史中的结构与变迁》，陈郁等译，上海三联书店、上海人民出版社2001年版，第79—222页。

一般规则运用于特定事例,从而为相对准确地预测人们行为的法律后果提供了可能。(3) 与政治机构的相对分立使行政机关责任明确化,为行政发展提供了健康的政治环境。在政治压力下,行政部门打破了恣意专断、职责不明、任人唯亲的传统,建立了一个注意规范和效率的文官体制。包含以上内容的宪政制度在欧美民族国家的形成过程中迅速扩散开来。民族国家的形成是继宪政制度确立后,近代政治国家发展的第二个标志。法国启蒙运动中的思想家将民族主义和民主主义结合在一起提出了系统的民族主义思想,指出只有当臣民成为公民,成为国家的成员,民族共同体才会存在,祖国才会存在。在这一思想启迪下,法国大革命摧毁了等级制度和专制制度,宣布主权在民,人人平等,国家成为大家共同拥有的祖国。在拿破仑战争及美国的独立战争中,民族主义就是这样结合着民主主义推动政治国家政治发展的。总之,西方资本主义国家在其政治现代化过程中逐步确立了法理型的权威形式、效率型的管理机制、权利保障型的政治原则以及参与型的价值分配体系。这是一个公共生活理性化的时期。

　　社会的宏观结构发生着的这些划时代变化,使社会中的个体行为类型也发生了根本的转型。主要体现在,原罪论消退,此岸感高涨,世俗取代神圣,市民阶层崛起,个人主义、世俗理性开始成为至高无上的价值本源。传统的整体社会中,个体价值只能有机地结合进整体社会的价值体系中,个人只有超越个体才能获得荣耀,而沉醉于无限获取的人只有败坏的德行,没有正当性。禁欲主义扼杀了世俗欲望。但社会从传统向现代的变迁导致了"价值的颠覆"。过去只有在角落里暗地滋长的欲求,现在由市场出发变成了支配社会的灵魂,获得了道德的认可。营利欲暴露在正当价值的阳光后,又从中产生了个人的奋求欲。这是由于市场中各类资源的高度流动性及其竞争规律,使人们能够进行普遍的生存比较,人的每一次获得成为新的比较的起点,货币符号化又为人的营利欲开拓了无限的空间。总之,个人主义的发展肢解了以往的群体本位社会,个人主义行动者正成为社会活动的主体,现代社会变成了个人原子式集合,共同情感与生命目的不再是人们更多关注的问题。

　　近代以来形成的市民品格可以归结为这样几个方面:(1) 世俗情趣,即注重现世的生活情趣。一方面外部自然成为人类观察、认知和改造的客观对象,另一方面肉体生命也从禁欲主义的压抑下解放出来,获得独立自主的价值。(2) 功利主义。由于货币在市场经济中充当万能的流通手段，对使用价值的占有和享受，必然要同对交换价值的渴望和追逐发生联结，从而导致和激发人们把金钱提升为经济动机程序上的首要体验单位。(3) 个性精神。自主独立的原子式个体要求的是一种崇尚自我价值的个性精神。自我标榜、蔑视权威日益成为一种流行风气。人是自身的主宰者和创造者，成为一种得到普遍认同的生活信条。(4) 平等观念。不断高涨的世俗情趣、功利追求和个性精神，使社会评价体系的坐标由过去的"先赋—归属"转换为现在的"后致—成就"，平等时代到来。(5) 开拓型性格。传统社会中的安分守己、谦卑顺从的惰性品格被改塑，人们总是不满于现状，因而一种活力充沛、干劲十足的乐观气质和开拓性格就在全社会扎根并蔓延开来。①

概括地说，当现代社会的宏观结构逐渐定型后，在这一巨大的个体社会框架内存在无数自我的、理性的、平等的、奋斗的个体，他们扯断狭隘的公社制的陈旧纽带，撕碎各种中间调和力量，向传统习惯和陈规宣战。社会处于一种液化状态，一切皆流，一切皆变。

二、现代个体社会与契约

现代社会中的个体虽然摆脱了传统整体社会施于它的束缚，但个体通过某种新开掘的渠道注入到了新的铸模中。个体本位使社会变成了原子式个体的机械组合，但个体并不能脱离社会而存在，最起码，他必须将社会看成是有益于自身发展客观的、必不可缺少的、外在的条件。这种社会结构的适当性是通过契约形式得以体现的。

（一）现代社会关系的契约基础

在回答现代人际交往究竟采取什么模式的问题时，总体看来，存在着

---

① 张凤阳：《契约伦理与诚信缺失》，载《南京大学学报》2002年第12期。

两个相互缠绕的约束条件。一个条件是现代社会中的个人的原子化。这决定了以个体为本位和视社会为工具，作为一体之两面，必将构成资本主义主流伦理的基本价值取向。据此，社会不再被看作生命共同体意义的"社群"，而只是人们为达到个人目的的一种互利合作体系。在这一体系中，人际交往愈益剔除亲密契合的情感成分，而在越来越大的程度上表现为一系列独立单元之间外在性的利益关涉。但恰恰是这种外在性的利益关涉，使现代人际交往从根本上超越了传统共同体所限定的狭小范围。产生孤立个人观点的时代，也正是具有最发达的社会关系的时代。在这个时代，出现了细密的社会分工、普遍的商品交换以及全方位的需求体系。特别是，由于货币媒介的万能作用，人们彼此间的互认模式变得越来越抽象。以此为基础，现代制度将社会成员的关系从谋面交往的具体场景中"挖出来"，实现了在无限时空地带的再联结。这种联结方式意味着，生活于现代条件之下的个人，比以往任何时候都更不可能单独满足自己的全部欲望。他必须从别人那里直接或间接地寻求实现自我利益的工具与手段。由此造成了个人对社会和社会对个人的双向关系的全面敞开。这是讨论现代人际交往模式的第二个约束条件。[①]

如果对以上两个条件做综合考虑，就会发现一个切入问题的基本途径。它首先宣示利他主义行不通，但另一方面，赤裸裸的唯我主义也不可取。这决定了一种现实情态意义上的互赖。可是问题的复杂性在于，互赖虽势所需，互信的基础却变得异常脆弱。要使人们的合作变得可能并有效，惟一的选择是用约束性的方式明确规定合作双方或各方的权利与义务，这便是契约。需要注意的是，这里主要是从个体社会中的个体交往的内在结构来说明契约模式的必然性的，因此是客观主义的契约论。

与上述观点不同，也有论者认为，将社会关系视为契约关系的观念是我们的一种意识形态。也就是说，契约主义在现代社会中的流行，与其说是由个体间的客观交往结构决定的，不如说由于它是我们理解个体社会中的人际关系的一种观念。作为意识形态的社会契约论，并不关注社会性质和社会关系的客观特征，而是人与人之间、社会与其成员之间社会关系的

---

① 张凤阳：《契约伦理与诚信缺失》，载《南京大学学报》2002年第12期。

基本理据，通过为之提供一种理想的、非真实的解释而使社会关系的存在合理化。换言之，意识形态的契约论认为，所有的社会关系都可以这样来解释，即它们好像是契约性的，好像只有根据契约的原则才能得到合理的解释。这个意识形态的核心是由上述观念和如下两个相关的观念共同构成的：将人类视为独占的（appropriative）观念和将合理性（rationality）视为效用最大化的观念。一方面，从将人类视为独占的以及效用最大化的观念，可以推定任何稳定的社会秩序都不是任意的，而是人类共同约定的，这一约定的过程是一种帕累托改进，是社会约定理性对个体效用最大化理性的替代。从这一理据可以得出的社会关系模式应该是契约主义的。另一方面，从契约主义这一理据出发也可推导出关于人的独占性和效用最大化的设定，因为契约主义必然认同关于个体优先于社会以及个体接受对社会秩序的帕累托改进的观点。[①] 意识形态的契约论将社会关系与自然状态相对应，以此来分析产生契约主义意识形态的一般原因。但是他们在分析中依据的是现代社会的基本观念，强调了"我们的意识形态"。

主观主义契约论与客观主义契约论的这种表面上的差异是由人们发现世界的不同方式所导致的，二者在实质上统一于现代社会关系的构建过程。对此，必须抛弃社会科学中正在流行的观察社会的二元论方法，即假定客观与主观是对立的，要求研究者选择自己的立场——主观的一元论或是客观的一元论，进而转向建构主义所开辟的那条汇聚的道路。所有的社会关系，无论怎样的客观，总包括观念部分、思想部分、表象部分。这些表象不仅是这个关系在意识中想象出来的，而且是这个关系的组成部分。但这并不意味着现实中的一切都是观念的，也不是说行为者的表象一定反映意识。毕竟，社会的客观结构与主观结构共同内嵌在社会关系之中，现代社会中人际交往的契约关系模式既是主观又是客观的。

无论如何，契约论已经提供了一个关于现代社会中人际关系模式注解。更重要的是，契约作为构建社会关系的机制已成为现代个体社会的基础。在私法领域，个体权利本位及契约原则已在各个具体的制度中扎下根

[①] David Gauthier, "The Social Contract of Ideology," *Philosophy and Public Affairs*, Vol. 6, 1977, pp. 130—164.

并赋予其实质性内容。财产法约定了合法财产的边界；侵权法力求保护我们免于受到越过财产边界的侵害；契约法认可且保证我们越过这些边界进行合作。在宪法和政治实践中依据的是同样的基础。自由主义政治以个体福祉保障为依归，通过契约主义推论将国家权力归置于"大众的"个体掌控之中，契约机制对现代国家政治运行的支配性地位：宪法的产生机制是同意，其主要内容在于保障公民权利和约束公权力；代议机关是全体民众定期选举的，政治官员同样如此，委托与受托的契约关系内嵌在现实的政府机器的运行中。总之，现代社会中的各种制度安排的合理性奠定在尊重个体自由意向基础之上，并以契约联结为主要内容。

（二）关于契约的理解

以上论证了契约作为现代社会关系的基础性机制，但还没有对契约概念做出具体分析。

契约首先是一个法律术语，并在私法领域内得到了精准定义。而当将之运用于理解和构建现代社会关系的总体特征时，有时更多是从与法律术语的相似性来"想象"的，这也是其意识形态化的主要表现。作为一个法律术语，契约也被称为合约、合同，有着悠远历史。虽然在不同法系甚至同一法系中各家在定义上的观点不尽相同，但总体来说人们在对契约理解上主旨是一致的。

根据美国整编法律契约法第二次汇编的定义："契约乃为一个允诺或一组之允诺。违反此一允诺时，法律给与救济；或其对允诺之履行，法律在某些情况下视之为一项义务。"[1] 大陆法系继承了罗马法关于契约是得到法律承认的协议的观点，如《法国民法典》规定："契约，为一人或数个人对另一人或数人承担的给付物、做和不做某事的合意。"威廉姆斯的解释可能更为详细一些：一项（两个当事人之间的）契约是这样一个"协议"（agreement），它"打算建立并且实际上正在建立"一项其中的一方可以施之于另一方的权利："它通常采用一个或一组允诺（promise）的形式，

---

[1] 杨桢：《英美契约法论》，北京大学出版社1997年版，第1页。

也就是说，它是出于两个人一致意愿的、其中一方将因此而对另一方承担义务的声明，它自然要求采取这样一种承诺（undertaking）形式，即一方将对另一方履行由此而产生的义务。但并不是每一个允诺都等于一项契约，订立契约不仅需要做出实施某个行为的允诺，而且需要直接地或隐含地把实施某个行为当作一项法律责任的允诺……一项契约的本质形式不在于我向你承诺做某事，而在于我同意你将因此而获得要求我为你做某事的合法权利。"①

把握这个法律术语，需要注意：一是一个合法契约的允诺出于一致意愿；二是这个允诺意味着一方将对另一方履行由此而产生的义务，这个义务可强制执行，因为它是法律确定的权利—义务关系；三是在协议的达成过程中当事人间存在约因。"一个有价值的约因是指一方为换取另一方的允诺，而给予或许诺对方的有价值的东西……任何一个有效的契约都可以简化为这样一种交易：如果我为你做一些事，你就得为我做一些事。"② 约因说涉及的允诺必然是有条件的，但并不一定就是互惠的。例如，A 向 B 承诺：如果 B 做 Y，那么 A 将做 X，只要 A 和 B 都赞同这一允诺在法律上具有强制力，那么它就是一个有效的契约；并且，如果 B 确实做了 Y，那么法律将要求 A 去做 X。但这并不意味着，B 必然已经做了任何有条件的或者其他什么允诺，他也不必承担任何契约性的义务。实际上，在是否把约因作为允诺构成契约的要件是有不同认识的，特别是英美契约法学者在讨论契约意义时往往是强调契约中双方当事人必须有允诺交换。

我国有学者将契约的法律要件概括为：（1）须以发生法律关系为目的，即契约双方必须有以法律效力约束彼此间协议的目的。（2）须有协议的存在，即一方的允诺或要约要经过对方的承诺而达成，有时也称为"合意"。（3）允诺必须具有约因或以盖印契约替代，即契约的有效必须具有约因关系，而无偿的允诺除为正式书面外，不生效力。（4）须协议无瑕疵存在，即双方当事人间的意思表示无错误、虚伪意思表示、胁迫或受到不正当影响等。（5）须契约当事人有行为能力，即当事人已成年或无禁止情

---

① G. Williams, *Salmond on Jurisprudence*, London: Sweet and Maxwell, 1957, p. 385.
② G. Williams, *Salmond on Jurisprudence*, London: Sweet and Maxwell, 1957, pp. 392—394.

况的发生，具有法律上认为的能做出有效的意思表达能力。(6) 须契约法之标的非不合法或无效，即不论是违反法律规定或违反公共政策，均为无效。①

如果说契约概念在私法的意义上获得了精确定义的话，那么我们经常所说的契约虽具有大体的内涵，但又不一定具有这种完全的严格意义。很多时候，它只是我们理解或构建社会的一种与之相似的方式，这种非法律专业的契约概念相当模糊，主要包括两种情形：一是公共的政治性契约；二是社会关系性契约，又统称为社会契约。

首先，私法上说契约义务可能是单方的，如前述约因的内涵所表明的，而非法律专业所说的社会契约是互惠的、有条件的允诺或义务。当然，如果在一个具体契约法律关系中的义务是单方面的，可将这种关系放置在一个更大的社会背景中时，某种允诺也会是以某种交换为目的才产生的。也就是说，社会契约蕴含地强调了互惠的条件性。不强调这一点，就失去了"社会契约"的意义，因为社会契约本质的方面在于强调个人优先于社会，它强调的是个体的允诺需以某种利益的交换为基础。

其次，私法中的契约确认的是这样一种法律责任，当允诺方失约时，受诺方会通过法的救济而获得对价补偿，而非法律专业所说的契约，往往不一定具备这样明显的法律特征。例如，在公共政治契约中，违反某一允诺承担的主要是政治责任，受诺方不会因此而受到补偿；在社会关系契约中，互相允诺蕴含在社会期望中，违反允诺的一方只是受到社会声望的损失，而所谓的受诺方也不可能得到什么对价补偿。

第三，私法意义上，一项契约必须是由具体的当事方来订立，但在社会契约中，人们有时很难理清契约的两造究竟该怎样确定。或许正是因为我们在谈论社会契约时表现的只是一种理解世界的方式，而不是确定要用法律的要件来严格规定某种社会关系，所以经常会假设存在某当事方，但当事方有时却是模糊的。比如公共契约说认为国家之所以产生，是由于人民通过订立契约将自身的权利让渡给了一个主权者。可是，这里所说的"主权者"不是先于人民而是被人民创造的，同时，"人民"究竟是何种指

---

① 杨桢：《英美契约法论》，北京大学出版社1997年版，第5—7页。

向？是一个整体，抑或是个体的集合？也就是说，公共契约是代表了作为整体的人民的意愿，或是它必须代表每个人的意愿？再者，政治契约中的政府是自成一格或只是同普通公民一样只是法律联合体的一部分？在过去人们通常认为政府为一造，尔今人们却更多地采用了后者的观念——一个政治契约就足够了，没有必要诉诸或者运用以统治者为一造，以被统治者为另一造的"政府契约"观念。① 但是，如果政府只是同普通公民一样只是法律联合体的一部分，其权利与义务也同普通公民一样都为唯一的契约即宪法所确定，那么，公民的权力主要体现在创制及修改法律或选举监督政府？另外，在社会关系性契约中，允诺方可能是具体的个人，但受诺方却不一定能具体到很容易辨认的程度，一个人的声誉靠的是社会评价。只有当一方违反允诺而受到社会诘难时，也许这时才可以隐约地感觉到社会力量的存在。

第四，私法规定的契约法律关系内容是明确的，因为它必须对债权做出确定的裁定，而在社会契约中，它所指向的权利义务关系是非常模糊的。政治生活往往受意识形态及政治力量的支配，但意识形态的主观性以及政治力量的冲突性会使政治契约的内容具有不确定性。更甚者，在社会关系性契约中，社会性交换在很多时候是没有特定指向的。

除了上述的四个方面外，还有其他不同。尽管如此，私法契约与政治的及社会的契约在意义上仍是相通的。可以认为，总体上，契约论提供了对个体社会行为及其社会关系的现代解释，它强调社会合作性是以个人的独立自主为前提，彰显的不是共同体式的有机融合，而是社会的某种机械结合性质，它与工具主义的社会观相互发明：第一，契约论提供了一个有关个体行为的唯意志论。也就是说，它使个体行为取决于人们的意志。第二，这种唯意志论也是合意的，它建立在相互间的协议基础上，即它反映的是契约当事人之间的一种自由合意的关系。这两方面特别强调"无支配原则"，意味着只要不是法律明文禁止，不违背公共良俗，在社会价值的正当范围内，当事人就有订立契约的自由，选择缔约方的自由，决定契约

---

① 〔英〕欧内斯特·巴克：《社会契约论·导论》，见迈克尔·莱斯诺夫：《社会契约论》，江苏人民出版社2005年版，第265页。

内容的自由，而不应受到无理的干预或胁迫。第三，它是高度个人主义的，突出个体的功利目的。契约关系在本质上是一种功利行为，排斥行为方式的情感取向，当事方完全以对方是否对自己有利、能不能满足自己特定需要来取舍。对这三方面综合考虑可能会发现其内部存在一种紧张。试图解决这一问题的努力构成了契约论的第四方面特征，即理性主义。如果个人的意志是理性而不是任意的，那么，一致同意就可以达成。但不管怎样，契约论唯意志论与理性主义之间的张力依然存在：前者在选择上尊重人们的选择，而后者则假定他们的选择必定是遵循某种明确的路线。①

三、组织与契约

上述意义中，我们讨论的个体社会是平面化、同质化的，人们的契约联结因此也似乎是在一个无结构的、集体不自觉的状态下进行的，这就像经济学中通常界定的充分竞争的市场一样，每个缔约者在其中没有任何更具体的身份，他们都是自主行动的个体，不受任何权威支配，甚至契约内容也可以忽略不计，社会就是在这样一种状态下获得成功的。

然而，在社会行动的集体构造中，却有另一番景象。在各种各样的组织中，存在着权威等级，存在着指挥与命令，存在着外在于参与者的目标与规则，组织中的参与者不是自主行动的个体，在他们的社会关系中显然存在着不对称性。如果说与其他的社会行动的状态有什么不同的话，这就是显而易见的区别。有人把组织比作"在不自觉的协作的大海中的自觉力量的小岛，它们如同凝结在一桶黄油牛奶中的一块块黄油"②。

要理解"这一块块黄油"，认识组织的本质，就不能就此将组织从最普遍的社会关系中独立出来，从而给它罩上一层神秘的色彩，特别是像古典组织理论模型那样。

---

① 〔英〕迈克尔·莱斯诺夫：《社会契约论》，刘训练等译，江苏人民出版社2005年版，第14—15页。
② F. A. Hayek, "The Trend of Economic Thinking", *Economics*, No. 13, 1993, pp. 121—137.

对于契约论的观点，一直是有反对意见的。在马克思主义社会学中，理论家有个一脉相承的立场，也就是从社会分化导致的社会结构中寻找一种压迫的力量，这种力量建立了组织，控制了组织。我们确实不应忽视现代社会的结构性压迫力量的存在，但是在论述到组织本身的创立机制时，它不能提供更具体的解释。社会性压迫力量到处存在，为什么要通过建立组织这种形式来进行？组织背后的制度性力量到底是什么？在现代社会中的法律、政治、经济及社会交往等领域的显性制度并没有取消社会个体平等的形式，相反却是以保护个体的平等地位为取向的，在人们的思想观念中也不存在甘愿受控制的动机。相对于这种社会批评性的认识，有人认为，总是存在着一种合作优于单干的事务，组织活动相对个体活动来说存在有联合收益，联合收益的总量大于个体活动收益的加总。与此相近，也有人认为，组织是一种特殊的技术装置，利用这种装置，人们可节省数量可观的成本，进而增加人们活动的收益。但是，这些揭示仍然不能很好地说明组织的本质。组织具有的某种功能并不是组织的产生的原因。例如，某种形式的联合可以产生合作收益，但联合一定要采取组织形式？何况，组织事实表明联合收益并不总在组织中公平分配，也就很难保证人们间的联合了。本书强调的是组织作为人的聚合体，因此如果不从逻辑上解决个人与组织的关系，而是从组织本身开始来说明组织，将不可能获得真正的成功。

虽自韦伯始理论家就开始认识到了个人通过契约与组织的联结，但在相当长时期内这种认识还是初步的。例如，韦伯在论述到官僚行政管理班子过程中，提到了参与者与组织的契约关系——"契约任命即自由选择，是现代的官僚体制的特征。"[①] 但对于形成组织的契约机制是什么，韦伯并没有说明。又比如，帕森斯也认为："在先赋地位要素十分少的社会里，中心的整合制度是合同制度。特别是就组织而言，主要涉及的是雇佣合同。"[②] 但帕森斯的功能主义视角也无法解释支配组织形成的契约机制。而

---

① 〔德〕马克斯·韦伯：《经济与社会》（上卷），林荣远译，商务印书馆1998年版，第247页。
② 〔美〕T. 帕森斯：《现代社会的结构与过程》，梁向阳译，光明日报出版社1988年版，第31页。

其他一些关于组织的社会学理论中，契约的因素也有被提及，但同样很少被作为发现组织内部制度的基础来对待。

应该说，对组织本质的揭示是企业理论最新发展的主要成果之一。20世纪20年代之前，在经济学的视界中，经济组织——企业一直是一个没有被打开的黑匣子，在管理学家的眼中企业也只是一个现实的存在。后来，奈特根据不确定性与企业家精神对企业的存在进行了讨论，以后熊彼特等人又对企业家理论做了进一步开掘；30年代初伯利和米恩斯在"控制权与所有权相分离"的命题下研究了企业内部的管理结构问题。现在，经济学领域公认的是科斯于1937年发表的《企业性质》一文对企业的组织性质的开创性研究。科斯的论文一开始并没有引起人们的重视，40年后，随着新制度经济学的兴起，人们在发掘组织机制对市场机制的代替的动因以及组织的本质时，才被重新发现。此后，在科斯所开辟的道路上，企业组织理论不断开掘前进。应当认为，以科斯等人为代表的新制度经济学在方法论上提供了一个观察人类社会由微观向中观再向宏观发展的通路，而不是以往的那种相互隔离的不同的方法。

（一）企业的契约理论

科斯在《企业的性质》一文中，一开始就提出了一个根本性问题：既然人们通常认为协作能通过价格机制来实现，那么，为什么组织是必需的呢？换言之，若是市场机制能够自动且有效地配置资源，那么根本就不需要企业；而事实上，大多数经济活动都是在企业内部进行的。

企业何以会存在？回答这个问题的关键在于把握企业的本质。科斯对企业性质的把握，是以企业和市场的两分法为逻辑起点的。在他那里，市场被视为一种自主交易的协调机制，是由一系列的交易活动及其规则所组成，而企业则被视为一个组织，其内部所实施的是行政协调机制，即以企业家为指挥中心的生产组织系统。从这个意义上说，市场不是企业，企业也不是市场。科斯又认为，市场与企业都属于资源配置的协调机制，它们之间是可以相互代替的。他写道："在企业之外，价格变动决定生产，这是通过一系列市场交易来协调的。在企业之内，市场交易被取消，伴随着交易的复杂的市场结构被企业家所取代，企业家指挥生产。显然，存在着协调生产的替代方法。然而，假如生产是由价格机制调节的，生产就能在根本不存在组织的情况下进行。面对这一事实，我们要问：组织为什么存在？"① 科斯认为，根本的原因在于市场上利用价格机制来协调交易活动是有成本的，科斯称这些成本为交易费用，为了节省交易费用，企业应运而生了。

科斯认为，通过价格机制"组织"生产的最明显的成本就是所有发现相关价格的工作，市场上发生的每一笔交易的谈判和签约的费用也必须考虑在内。而存在企业时，某一生产要素契约（或者它的所有者）不必与企业内部同它协作的一些生产要素签订一系列的契约。一系列的契约被一个契约替代了。通过契约，生产要素为获得一定的报酬同意在一定的限度内服从企业家的指挥。除此以外，利用价格机制还存在着其他方面的不利因素或成本。因为虽然为某种物品或劳务的供给签订长期的契约是可以期望的，但由于预测方面的困难，有关物品或劳务供给的契约期越长，实现的可能性就越小，从而买方也越不愿意明确规定出要求缔约对方干些什么。对于供给者来说，通过几种方式中的哪一种来进行物品或劳务的供给，并没有多大的差异，可对于购买者来说就不是如此。但由于购买者不知道供给者的几种方式中哪一种是他所需的，因此，将来要提供的劳务只是以一般条款规定一下，而具体的细节则留待以后解决。契约中的所有陈述是要求供给者供给物品或劳务的范围，而要求供给者所做的细节在契约中没有阐述，它是以后由购买者决定的。当资源的流向（在契约规定的范围内）变得以这种方式依赖于买方时，被称之为"企业"的那种关系就流行起来了。因此，企业是在期限很短的契约不令人满意的情形下出现的。

科斯的研究无疑具有开创性，他在试图打开组织黑箱迈出了决定性的一步。今天看来，科斯的最大贡献在于提出了这一问题，并创造了几个富有意义的概念。

在科斯提出的"间接定价理论"的命题下，张五常发展了科斯的企业理论。对张五常来说，企业与市场的不同只是一个程度的问题，是契约安

---

① 〔美〕罗纳德·科斯：《企业的性质》，载盛洪编：《现代制度经济学》（上），北京大学出版社2003年版，第104页。

排的两种不同形式而已。企业是在下述情况下出现的：私有要素的所有者按合约将要素使用权转让给代理者以换取收入；在此合约中要素所有者必须遵守某些外来的指挥，而不再靠频频计较市场价格来决定自己的行为。张五常认为，企业并非为取代市场而设立，仅仅是用要素市场取代产品市场，或者说是一种合约取代另一种合约。由于估价某产品或获得某产品的有关信息通常需要支付成本，通过对某些投入品替代物进行估价的定价方式，其成本通常小于对产出物的定价。然而，对替代物的定价并不能获得像对产品定价那样充分的信息。因此，对这两种合约安排的选择取决于，由对替代物定价所节约的交易费用是否能够弥补由相应的信息不足而造成的损失。

科斯理论的另一个部分由威廉姆森和克莱因等做了开拓性研究，又在格罗斯曼、哈特和莫尔以及道那里获得了进一步的发展。这一派理论将企业组织视为连续生产过程之间不完全合约所导致的纵向一体化的结果，认为当合约不完全时，纵向一体化能够消除或至少减少资产专用性所产生的机会主义问题。威廉姆森和克莱因把"资产专用性"及其相关的机会主义作为决定交易费用的主要因素：如果交易中包含一种关系的"专用性投资"，则事先的竞争将被事后的垄断或买方独家垄断所取代，从而导致将专用性资产的准租金攫取为己有的"机会主义行为"。这种机会主义行为在一定的意义上使合约双方相关的专用性投资不能达到最优，并且使合约的谈判和执行变得更加困难，因而造成现货交易的高成本。当关系的专用性投资变得更为重要时，用传统现货市场去处理纵向关系的交易费用就会上升。因此，纵向一体化组织可用于替代现货市场。因为在纵向一体化的组织内部，机会主义要受到权威的监督。

之后，格罗斯曼及哈特和莫尔发展了一个所有权结构的模型。他们认为，当由于明晰所有特殊权力的成本很高而使合约不能完备时，所有权即具有重要的意义：当两个参与者进入一种交易关系，在这种关系中，财产被用来创造收入，而要在合约中列示所有的关于财产的特殊权利而又费用颇高时，最适合的做法也许是其中的一方将所有的剩余权利都购买过去。剩余控制的权利对一方来说是一种收益，而对于另一方来说却是一种损失，这就不可避免造成激励机制的扭曲。最优的一体化应该能够将控制权让渡给这样的主体——他们的投资决策相对于其他方更为重要。在这一企业控制的权力结构中，道发展了一个关于资本如何雇佣劳动的讨价还价模型。在道的模型中，竞争性市场里各种可替代的企业组织形式的生存能力也许不依赖于其所能生产的总盈余，而依赖于专用性资产的提供者占有准租金的可能性。他认为，当专用性投资不可能完全合约化时，企业内部的权威就能够影响沉淀资产的准租金的分配，从而影响可选择的组织形式的生存能力。一种组织形式如果能满足专用性资产所有者的参与约束，哪怕它生产的总盈余比别种替代形式要少，它也能够在竞争性市场中维持下去。因此，在资本比劳动更专门化的产业里，资本—管理型企业是均衡组织形式；而在劳动比资本更专门化的产业里，劳动—管理型企业则是均衡组织形式。

当大部分把重点放在对市场和企业（纵向一体化）的选择上时，一些理论却更关心企业内部结构（横化一体化）问题。在阿尔齐安和德姆塞茨看来，企业实质上是一种"团队生产"的方式。团队生产指的是，一种产品是由若干个集体内成员协同生产出来的，而且任何一个成员的行为都将影响其他成员的生产效率。由于最终产出物是一种共同努力的结果，每个成员的个人贡献不可能精确地进行分解和观测，因此不可能按照每个人的真实贡献去支付报酬。这就导出了一个偷懒问题：团队成员缺乏努力工作的积极性。为了减少这种机会主义行为，就必须让部分成员专门从事监督其他成员的工作。而监督者必须能够占有剩余权益。为了使监督有效率，监督者还必须掌握修改合约条款及指挥其他成员的权力。另外，监督者还必须是团队固定投入的所有者，因为由非所有者的监督者监督投入品的使用成本过高。因此，经典意义上的资本主义企业也就应运而生了。"古典企业的本质在这里被看作是包括下列要素的契约结构：（1）联合投入的生产；（2）若干投入要素的所有者；（3）与联合投入的契约各方都发生关系的一方；（4）他具有与这组投入所有者分别重新商谈契约的权利；（5）他拥有剩余产品索取权；（6）他具有让渡其契约中心地位和剩余产品索取的权利。这个起中心作用的契约主体被称作企业的所有者和雇主。"①

---

① 〔美〕尤金·菲莫：《代理问题与企业理论》，见盛洪编：《现代制度经济学》（上），北京大学出版社 2003 年版，第 193 页。

第三章 组织的契约性质：理解参与者之间关系的基础

与团队生产理论有区别的是，詹森和马克林认为，决定内部结构的不是监督生产问题，而是来源于管理者不是企业的完全所有者这一事实。在部分所有的情况下，一方面，当管理者对工作尽了努力，他可能承担全部成本而仅获得一小部分利润；另一方面，当他消费额外收益时，他得到全部好处但只承担一小部分成本。结果，他工作的积极性不高，却热衷于追求额外消费。于是，企业的价值也就小于他是企业完全所有者时的价值。这两者之间的差异即被称为"代理成本"。为了减少代理成本，均衡的企业所有权结构是由股权代理成本和债权代理成本之间的平衡关系来决定的。① 与这种代理理论相似的是，标准的关于企业的委托—代理理论建立在两个基本假设上：（1）委托人对随机的产出没有直接的贡献；（2）代理人的行为不易直接地被委托人观察到。在这两项假设下，这一理论给出了两个基本观点：（1）在任何满足代理者参与约束及激励相容约束而使委托人预期效用最大化的激励合约中，代理人都必须承受部分风险；（2）如果代理人是一个风险中性者，那么可通过使代理人承受完全风险（即使他成为唯一的剩余索取者）的办法以达到最优结果。这种观点可以被解释为，对企业控制权的安排是由委托与代理者的风险态度来决定的。②

另外，要进一步把握以上各观点，了解巴泽尔的产权理论很有必要。巴泽尔把组织看成是个人行为的整合，而这种整合的动机是为了获得已经被意识到的潜在的"租"，这种整合是通过界定产权进行的。每种生产要素中所蕴含的产权都可能是无限的，但需要被发现，没有发现之前它被留在了公共领域，组织机制就是通过事先的权利安排合约来占有资产将产生的净收入的，组织化可以节约交易成本。这个领域决定所有权最优配置的总原则是：对资产平均收入影响倾向更大的一方，得到的剩余的份额也应更大。由此可见，无论是组织的纵向一体化或是横向一体化，其动机都是

---

① 〔美〕米歇尔·詹森、威廉姆·马克林：《企业理论：管理者行为、代理费用与产权结构》，见盛洪编：《现代制度经济学》（上），北京大学出版社2003年版，第173—201页。
② 〔美〕尤金·菲莫：《代理问题与企业理论》，载盛洪编：《现代制度经济学》（上），北京大学出版社2003年版，第191—201页。

为了获得更多的"租",而组织本质上就是一种权利控制装置。①

从以上理论分析中可以发现,相对于其他理论来说,企业组织的契约理论对组织的产生及其本质的解释应是十分具有说服力的,因为它从经济活动中人们的交往性为逻辑起点,抛开了其他先验论调。需要说明的是,尽管理论上科斯的企业组织理论在以后的发展中,一些理论家通过扩展科斯提出的若干中心概念与问题,发展出与科斯的"间接定价"理论有区别的理论模型,但这些理论仍可归于"间接定价"的概念之下的,因为企业理论最根本的问题就是为了说明组织对市场的替代机制,无论是专用资产与不完全契约理论、团队生产理论、代理理论,还是巴泽尔的产权理论,实际上都是为了说明这个问题。当然,这里对"间接定价"概念的运用更宽泛,包括以上提到的各种支配"组织定价"的机制,各种理论都是为了说明每种情形下的每一方都会对联合生产中自身的权利的价格进行选择与控制。在此基础上,可以从中抽象出企业组织产生的一般模型。具体表述为:

（1）不同生产要素分别属于不同的所有者；
（2）分属于不同所有者的生产要素需要联结起来进行生产；
（3）联结的过程首先是一种功利主义交往的契约联结过程；
（4）不同生产要素所有者间的契约交往产生交易成本；
（5）在不同的交易条件及交易内容下,交往成本是不同的；
（6）组织契约对市场契约的替代是为了节约交易成本；
（7）组织成了一种控制装置,行政权威构成了其中最为显性的关系。

不过,以上理论家注意到了生产要素的独立性,但分化的社会结构所产生的压迫力量没有进入他们的视界,每种生产要素的所有者好像都是在充分竞争中进行缔约的,而资产所有者以及管理者作为统治力量的存在只是由于其固有某种正当属性决定的。这不应该是事实的全部。在当今的泛资本主义社会结构中,生产资料与劳动力的分离是一个基本现象,特别是资产所有者在社会中处于资源垄断者的地位,他们先天占有生存优势,拥有着支配性的社会交往媒介——货币,他们的泛社会权力是非常大的。如果在这样一个社会的整体背景来分析组织问题,应该会对自由契约的理解

---

① 〔美〕Y. 巴泽尔:《产权的经济学分析》,费方域等译,上海三联书店、上海人民出版社2003年版。

更深刻一些。不过，正如上文对马克思主义立场的追问所表示的，这不会取代对组织机制的分析。

（二）企业组织契约论的进一步应用

新制度经济学对企业的契约性质进行了较好解释。同时，鉴于组织间的某些相似性，企业组织的契约理论也应为分析公共组织与社会组织的契约性质提供了思路。

长期以来，在对待私人的、公共的以及社会的组织的普遍观点中，它们间的差别往往受到过分重视，以至于在对人的本质的认识上也随之发生了根本转变：私人组织中的人是"自利人"，公共组织中的人是"公共人"，社会组织中的人是"慈善人"。应该认识到，人确实具有在具体制度场景中学习的能力，不同组织中的制度规范在很大程度上影响着人的实际表现，它对人提出新的认知要求，并促使人进行自我角色定位。但是，这不能说明人的理性能力以及人的行为动机是否发生了彻底转变。对此，本书较为认同新古典经济学关于人的经济人特征的概括。包括两个最基本的方面：人是自利的以及人是有理性能力的。当然，这种概括因对"自利"和"理性"的进一步争论也显得不是那么统一。近来，加里·贝克尔在对人类行为的经济分析中解释道，每个人都是在特定的文化结构中根据自己的价值判断来追求效用（即利益）的最大化的。[①] 这一判断内涵十分丰富并对各种观点具有很强的包容性。首先是这一判断的关键词仍是个体效用的最大化。其次是加入了价值判断的因素，这一因素提醒我们个人的功利主义包括了作为动机的自利与作为行为的自利两个层次，或者说，某种行为模式从社会的角度看是利他的，但从自身看仍是个人效用最大化的。三是把所有"约束条件下的最大化行为"都视为"经济行为"，个人的利益不再仅限于纯经济的利益。正是这种关于人的模式的一致性表明，无论何种组织，在其与个人的关系上仍可坚持一种契约主义的观点。当然，人是复杂的，关于人的经济人特征也应该是一种近

---

① 〔美〕加里·贝克尔：《人类行为的经济分析》，王业宇译，上海三联书店、上海人民出版社2003年版。

似刻画，它以一种概率论或统计学意义上的抽象概括为前提。关键在于，只有在"经济人"的概念下才能做出最近似的刻画。

我曾经在探讨公民社会组织产生与发展的内部逻辑时涉及到了人的行为特征这一问题。[①] 其一，社会组织的公益性并不能否定个体的自利性。尽管公民社会组织存在于非市场领域，但这正是"经济人"通过制度创新和公共物品的有效提供，从而弥补市场失灵，获取最大偏好满足的结果。不同领域内规则约束的性质不同，个体追求的利益在性质上有所不同，但个体在社会中体现出的偏好并不会因"心理和道德齿轮"的转换而由"自利"转向"利他"。人的社会性决定了个人与集体有一个依存关系，人有时还存在"利他"的偏好，但这种所谓的"利他"如果纳入自我评价体系中，也可以认为是"自利"。这可以定义为合作的理性的经济人。其二，社会组织的"利他"活动相对于"自利人"来说并不是一种利益损失。社会的中介性组织在其所服务的共同利益的范围上是可以做出区分的。大而化之，可分为代表广泛社会利益的社会组织和代表局部共同利益的社会组织。从数量上看，代表局部共同利益的社会组织的数量更大，这些组织里的成员本身就能从共同利益的实现中获得各自的利益。如果说社会组织的参与者从广泛的社会利益中直接获取的份额较小的话，他们通常又能在社会的其他方面得到补偿。例如，在一定的社会文化中，他们可以通过"利他"行为获得较高的社会地位、良好的社会评价及精神满足，这也是一种自性的"利得"，这种利得对于追求更高层次的需要满足的人来说效用更大。其三，某一公民社会组织内部的成员也是可以做出区分的：一是参与者；二是企业家[②]或组织者。

---

① 杨占营：《公民社会产生与发展的内部逻辑——关于社会自组织行为的思考》，载《江苏社会科学》2005年第2期。

② 熊彼特在提出企业家的概念时，主要是指作为个人或私人物品的生产者和销售者先驱的企业家。而这里的企业家是促成集团以组织的方式行动起来的人，他们是社团组织中的领导者。由于集团行动的收益与成本往往与其成员的个人收益与成本不能自然一致，所以，没有社团企业家的协调、沟通、说服，没有社团企业家来创设各种选择性刺激手段，集团很难行动起来。通过社团企业家的努力，能够为集团提供集体物品。与此同时，社团企业家也可以从他带来的收益中使自己有所收益——如名望、社会地位及权力。

第三章 组织的契约性质：理解参与者之间关系的基础

如上所述，无论是代表广泛利益或是局部公共利益的社团组织，其所有成员本身就从公共利益的实现中获取了相应份额的利益。特别是对于领导社会团体的企业家来说，他们往往能支配相当的资源，这种支配力本身就是社会权力的一种形式，有时掌握了这种社会权力所获取的利益是其他性质的活动所不能比拟的。在一定意义上，社团企业家的这种"利得"是其从事社会活动的相当重要的目的，并不是如一些观点认为的那样，是不需要计算"回报"的。例如，一些企业不但资助能为其直接带来利益的各种商会、行业协会，也会有选择地捐助一些纯公益的社团组织，从而建立起企业良好的公共关系和公共形象，而一些政治家也往往从社团活动中获得其从政的资本。这些在一定程度上为从事公益活动的个体的动机，做出了注解。正因为公民社会组织有公益性不能代替人的自利性，所以不能仅从社团组织的公益性出发，认为个体从事社团活动是非理性化的，社会行动中的个体的利他行为事实上也应是出于明智的自利动机，因为他们预期能获得充分的回报。公民社会中的人也可以纳入"经济人"范围，从事社会活动的人的自利性及理性能力并没有受到限制。

相应地，对于在政府中工作的各级官僚来说，当然也可以用"经济人"模式对之进行分析。新古典政治经济学家把这一关于官僚的假设应用于对政府过程的分析中时取得了显著的成功。在阿尔伯特·布雷顿的代议民主理论中，政府是个操纵立法的党。它有一个目标函数，包括再次当选的概率，但也可把诸如个人的金钱收入、个人的权力、自己在历史上的形象、对崇高的个人理想的追求、对公共福利的个人观点等变量包含在内。执政党垄断了政府，并把私利搭配在公共利益之上，而消费者为了得到受政府垄断的产品就将购买那些搭售的产品。唐斯认为，政府过多地提供特殊利益的立法的趋势因搭便车问题造成的对一般利益的立法提供不足的趋势，也强于选民们没有动机去了解这类立法的抵消趋势。许多政治现象和唐斯—布雷顿模型的广泛含义相吻合。那么，作为执政党工具的政府如此，政府中的官僚当然也会如此。尼斯卡宁模型以及这一模型的扩展论证了预算最大化的官僚行为模式。几十年来，诸如此类的研究在公共选择理论的旗帜下已经获得了相当的认同。①

以上议论都是为了说明人的行为模型的普遍性，这种普遍性是与前述个体社会中人们的行为特征相符的。在确立了这一前提之下，可以认为，在普遍的组织的形成过程中，人的聚集也是以契约为基础机制的，他们结成的集体构造也首先是一种基于利益的契约联结。当然，形成这种契约构造会有不同于企业组织的动因。

对于公共组织来说，它首先是国家的主权者或者统治者的代理者。在有关国家的政治理论中，统治者通常被假设为一个统一的整体，它与社会相分离，由它通过一定的强制力量保持本国与外部世界的明确界限，同时它还由某些强制的力量做后盾而对内部社会具有政治强制力。主权者需要实现某种目标，但由于地理范围广、事务多，更有甚者，主权者在现代政治国家中的虚拟化等原因，它总是需要代理者。于是，总有一些人或机构会成为主权者的代理者，代理者与主权者相分离。这种代理可能以一种松散的委托—代理的契约关系为基本形式，也可以通过建立组织的方式（纵向一体化）来进行的。人们已经对现代官僚政府太过习以为常了，以至于忽视了对它产生原因的关注。韦伯曾集中论述了组织的行政执行的本质，但他没有将之置于一种比较的情态下来研究，如上文所说的，他主要从组织的功能的角度进行说明。新制度经济学的代表者之一诺思曾涉及这个问题。他认为，统治者都有一个收取租金最大化的目的，这时他需要界定一套产权，通过监督与测量经济集团的投入与产出，来确保它对每一个不同的经济实体的垄断租金最大化。诺思论述道，为了执行这一活动，历史上统治者采取的组织形式有以下几种：一是组织松散的联邦制，其中的地方政府有自己的官僚机构；二是统治者直接实施权力的集权官僚制；三是有执行官制与包税制。② 从统治者与其代理人的关系看，这三种形式也可粗分为两种形式，一种是松散的（相对独立的契约主体间的）委托代理关系，一种是以纵向一体化为形式的主权者与代理机构之间的关系。诺思没

---

① 〔美〕丹尼斯·缪勒：《公共选择理论》，张军译，上海三联书店、上海人民出版社1992年版，第149—170页。
② 〔美〕道格拉斯·诺思：《经济史中的结构与变迁》，陈郁译，上海三联书店、上海人民出版社2002年版，第26页。

有进一步对这三种形式进行详细的比较,但他提到了无论哪一种代理关系都存在着代理成本。

之所以出现不同的形式,都是由统治租金最大化的动机决定的:由于考核与监督活动需要大量费用并因此降低统治者的租金,统治者努力寻求最有效率的国家权力结构形式。不同的技术条件以及不同的中央与地方、政府与社会间的权力对比状况决定了这种组织形式的差异。

需要说明的是,这里讨论的一些形式并不意味着会对社会总体收益产生正的或负的影响,而主要是为了说明公共租金在一个国家整体权力体系形成中的支配地位。

这样,如果某国家内发展出了具有一定实力的次级集团,统治者建立一个监督与考核体系的阻碍会很大,为了降低中央集团与次级集团间的交易成本,往往把一定的垄断权下放给这些次级集团,以换取尽可能多的租金。这时国家的组织形式就比较松散,比如联邦制及包税制。它不同于市场中的独立签约人间的契约,那种契约是建立在充分竞争的基础上的,在市场的作用下会形成一个较有效率的均衡价格。而这种契约更像是一个双边垄断的讨价还价的结果。对于统治者来说,它于此获得的租金,无论是相对于充分竞争下与次级集团的签约,或是单边垄断下建立的集权体系,都会较小。用产权理论的话语来说,这是由于主权者对经济集团的产权界定不充分造成的,其中的部分产权归次级权力集团拥有。

如果一国之中的次级集团不发达,或者说次级集团对社会资源的支配力不强,中央集团强而有力,主权者就有条件建立起"直接实施权力的集权官僚制"。这时国家考核与监督的成本就以其监督代理机构的费用的形式表现出来。相对于与次级集团在双边垄断下建立较为松散的委托—代理关系中发生的交易成本来说,在单边垄断下建立这种直接实施权力的代理机构的交易费用可以说是很小的。① 这是一个通过充分实施统治权威而使交易成本内部化从而降低交易成本的过程。这时,已经建立起来的行政管理机构并不就是主权者本身,它是代理主权者的行政机构,它与主权者相

---

① "交易成本"已成为一个涵义较为宽泛的概念,这里主要用来说明主权者建立监督与考核体系过程中所发生的讨价还价成本。

分离，并不创制法律，也不能违背主权者的政治意志而行动。但是，在传统的神秘政治的情况下，要谈论国家的官僚机构的内在的契约结构是不恰当的，所谓"天下一家，何非君土，中外之财，皆陛下府库"，君权政治下，君主视全国全社会都是自己一姓一家一人的"莫大之产业"，拥有绝对的支配权，全体臣民必须无条件的服从。而到了个体社会，传统的关于三权者的神秘主义理解已经一去不复返，它的至高性与支配性也要受到合理性与合意性的限制，因此，契约结构已经内嵌在公共官僚制组织之中了。官僚机构中的人员首先具有公民身份，他们进入公共组织首先是自主意志的结果。正如前面帕森斯的观点那样，在现代社会，"合同制度"成了规范公民个人与公共机构的基础性制度。

我们可以从以下几个角度设想一下公共契约对市场契约的替代：首先，现代国家中的公共事务量多得惊人，如果完全通过市场与每一个代理者签订事务性的契约，成本将会是天文数字，必须采用一种机构的形式来降低成本，这就是一种长期契约对无数个单独契约的替代，体现了组织的"间接定价"机制。其次，在公共管理中，存在一种政治正当性，即管理的目的是为了获得公共收益，但由于各种各样的产权是一个发展的领域，短期契约中会存在对公共产权界定不清，而使一部分收益留在一个模糊的领域，被私人侵占。因此，通过建立公共机构，获得剩余控制权与剩余索取权，可以在机制上保证公共机构的合法性，即公共管理也需要通过组织契约整合各种权利。第三，国家的公共义务与公共责任是不可让与或放弃的，或者说国家是永恒的，而私人可以将其自身从公共事务中转移出来，为了保证公共事务管理的连续性与稳定性，主权者需要建立一整套的代理机构以取代与公民个人发生的不连续的契约联结。以上反映的是公共管理纵向一体化的方面。第四，公共事务的管理过程也需要合作，联合生产的过程中也需要对各种投入要素的贡献进行监督，否则会产生机会主义行为。由于公共管理对于主权者的意义，所以主权者需要设置一种装置来监督与考核参与者。第五，由于公私领域的区别，公共活动的不确定性所带来的风险肯定最终由主权者承担，即公共管理的风险对于主权者来说是不可让渡的，因此由主权者雇佣官僚。后两方面表现了公共组织的横向一体化过程。综合五个方面，可以说公共官僚机构也是一种类似于企业的契约装置，这一装置保证了公共管理对效率、稳定性、连续性、权威的需要。

同时，公共机构成了公民与之进行人力资本交换的对象，他们接受公共机构的行政指挥，获得由主权者的代理机构提供的合理的收益。

对于社会组织来说，它既不同于私人企业组织，也不同于公共官僚机构。一般来说，社会组织有明显的公益性与互助性，表现出如下特征：第一，社会性组织更像一个俱乐部，在它的形成过程中，首先并不表现为异质的社会产出要素的协作组合的需要，也不承认组织内各参与者间的差异与不平等，而是表现为平等主体间的合作。第二，组织目标似乎与每个人的目标是一致的，它没有外在于它的主权者或所有者，它平等地服务于组织中的每一个成员。第三，它往往是作为一个集体，对内协调成员间的关系，对外展示一种集体的力量。正因为这些特征，它经常被认为是一种良好的社会秩序的基础。但事实上这种组织也是由结构性力量来控制的。我曾在集体行动理论的基础上探讨过社会组织的产生与发展的内在逻辑[①]：一是人们的集体行动需要遵守一些共同的规则，为了在达成以及遵守规则中节约交易成本，监督机会主义行为，建立组织是不可少的。二是集体行动对于不同的人有不同的意义，总有一些人以社团企业家的身份出现，他们在组织领导集体行动。三是由于集体行动领域也实际地存在差异与不平等，因此仍不可避免发生"少数人剥削多数人"现象。四是社团往往采用"选择性刺激手段"来维持其规模。[②] 从这些方面看，社会性团体也是一个控制的机构。对于一般成员来说，接受组织的控制可以从中得到利益补偿。由于社会团体组织与人们的公共政治生活以及私人经济生活相区隔，这一领域只是其全部中的一小部分，并且人数众多，可以"搭便车"，参与成本也很少，利益所得也只被视为一种额外的获益，所以即使是社团的活动不能满足其期望，人们一般也不会产生太多的不满进而针对组织控制展开行动。当然，对于那些可能从社团活动中得益较多的人来说，他们关注社团的目标及其活动的成效，因此对社团权力非常有兴趣。

---

① 杨占营：《公民社会产生与发展的内部逻辑——关于社会自组织行为的思考》，载《江苏社会科学》2005 年第 2 期。
② 奥尔森认为，选择性刺激手段系指该机构有权根据成员有无贡献来决定是否向其提供集体利益。（曼瑟尔·奥尔森：《集体行动的逻辑》，上海三联书店、上海人民出版社 1995 年版，第 31—35 页。）

四、小结

本章主要探讨的是组织作为一种行动控制的构造是如何建立起来的。在现代个体社会，契约成了联结人们行动的最主要的机制，但这种契约联结过程一经实现，便在市场之外作为一种结构性力量在起作用，使组织成为一个控制体系。作为个人来说，有的人努力建立起这一控制的体系，另外一些人可能认为这一控制体系是外在于己的，但他能从权利的交换中获取自己的利益。

尽管如此，组织作为一种力量装置会意味着更多的东西。作为合作理性的契约与个人主义理性判断的内在矛盾在组织中是不可消弭的，这种矛盾性在契约的不完全性中会产生很多问题，最突出的表现就是组织内政治行为的普遍性。

第四章 权力及组织内的权力

前一章得出了组织是在契约机制基础上所形成的控制装置这一观点并阐述了组织作为权力系统的本质，以及决定社会个体进入这一控制体系的内在机制。然而，如果认为组织内的权力完全是由契约力量支配的，同样与实际不相符。组织内人力资源的特殊性以及组织控制的有限性决定了组织内权力的分享而非完全转移给所有者。组织内的显性权力——组织内的合法权力——及其过程构成了组织的规范结构与过程，与此同时，组织内的隐性权力——不被组织规范所反映的权力——及其过程构成了组织行为的结构与过程的重要补充。当然，对这两种结构与过程的概括，并不意味着可以对它们进行分离的研究，它们是同时存在着的两个方面，都是由组织内社会关系的特征所决定的。

一、关于权力的考察

就人们对这一概念的熟悉程度而言，权力似乎无须定义。但是，权力是人人使用却并没有得到适当定义的字眼，围绕这一话题长期存在颇多学术争议，这些争论直接影响着对组织权力的理解。

（一）权力的内涵

笼统地说，权力首先存在于一种社会关系之中，在这种社会关系中存在着交往的不对称性与不平衡性，一方能控制或影响另一方，这时就可认为一方对另一方有权力。

在使权力概念获得社会科学的较为精确含义的过程中,韦伯将其观点表述为:"权力意味着在一种社会关系里哪怕是遇到反对也能贯彻自己意志的任何机会,不管这种社会关系是建立在什么基础之上。"[1] 这一定义在其后几乎成了学者们检讨权力问题的理论起点。

从韦伯的定义中可以看出,他明确地把施加惩罚或强制的能力作为权力的主要的或明显的形式。但是,不少学者并不完全接受。比尔施太承认权力的意向性,却不承认权力的偶发性。他认为,权力是使用武力的能力,但不是它的实际使用;是应用制裁的能力,但不是它的实际应用。[2] 拉斯韦尔和卡普兰也认为,权力是施加影响的一个特例:是借助于因不遵从所欲政策,予以(实际或威胁予以)严厉剥夺,从而影响他人政策的过程。[3] 罗素则明确地把权力视为"预期效果的产生"[4]。朗认为,把权力定义为对他人产生预期和预见效果的能力,避免了那种把权力等同于施加惩罚的能力。但他同时认为,后者当然是权力的一种形式,只不过较为特殊的形式而已。[5]

帕森斯对韦伯的权力定义及其派生物进行论证后,质疑韦伯的这种将权力作为贯彻意志的机会,而且"不管这种机会是建立在什么基础上"的观点。帕森斯指出,韦伯的权力定义有两个主要困难。第一个是,包含了冲突和对抗的假设:A 之克服了 B 的反对,意味着 B 为了 A 的利益而牺牲了自己的利益。但这忽略了权力关系可以是一种互惠关系的可能性:权力可能是一种有助于 A、B 双方实现各自目标的手段。第二个困难是,他把相互作用的属性、相互联系的属性转换为某个行动者的一种属性。韦伯在

---

[1] 〔德〕马克斯·韦伯:《经济与社会》(上卷),林荣远译,商务印书馆1998年版,第81页。

[2] Robert Biersted, *Power and Progress: Essays on Sociological Theory*, New York: McGraw-Hill, 1974, p. 231.

[3] Harold Lasswell and Abraham Kaplan, *Power and Society*, Haven: Yale University Press, 1950, p. 75.

[4] Russell Bertrand, *Power: A New Social Analysis*, London: George Alle and Unwin, 1938, p. 25.

[5] 〔美〕丹尼斯·朗:《权力论》,陆震纶等译,中国社会科学出版社2001年版,第27页。

第四章 权力及组织内的权力

此不是给"权力"下定义,而是为比较行动者的特性提供了依据;根据行动者使他人屈从其意愿的这个概率的提高或降低程度,判断行动者能力的强或弱。权力虽然可以作为一种能力而为人所具有,并且只在行动中才显示出来,但权力仍是某种关系的属性。为了不以冲突为出发点给权力下定义,帕森斯提出了一种全然不同的概念:权力是一种系统资源——当根据各种义务与集体目标的关系来发展合法化时,在只要遇到顽强抵抗就必然依赖消极情境去强行制裁的地方,权力是一种保证集体组织系统中的各单位履行已规定义务的普遍化能力。

加尔布雷斯讨论道,意志究竟怎样被强加在别人身上的?究竟怎样使别人服从?武力和暴力可以使对方屈服,但它并不一定是领导者与被领导者的权力行使,不存在领导与被领导关系而使用武力和暴力不是权力,即使存在领导与被领导关系,如果武力和暴力不是组织赋予或有制度根据,也不是权力。作为权力形式的武力或暴力必须是"合法性武力"或"合法性暴力"。[1]

福柯虽然对暴力疾恶如仇,但他仍认为暴力的合法化才能视之为权力的形式。他在谈到监狱时说:"监狱是权力最赤裸裸地、最肆无忌惮地表现出来的地方。""监狱令人感兴趣,是因为那里的权力毫不掩饰自己。它表现出彻头彻尾的暴政。它既是玩世不恭的,同时又是完全正当的,因为其实践完全可以在道德的构架内得到认可。因此,其野蛮的暴政表现为善对恶、秩序对无序的宁静统治。"[2] 在福柯的眼里,监狱虽然残暴,但他仍然坚持它的"正当"性,即它在"道德"的构架内得到了认可,因而是善对恶、秩序对无序的统治。然而,马丁认为,以合法性和意志性来定义权力,实际上只是取代了韦伯所强调的冲突。[3]

关于权力究竟是一种系统资源或是个人能力的问题,在罗伯特·达尔的讨论中并未过多关注。事实上,权力究竟更加普遍地表现为个人权力或是社会系统的能力,并不是权力定义本身所必须进行体现的,它需

---

[1] 参见何怀远:《领导思想方法论》,解放军出版社2001年版,第273页。
[2] 参见何怀远:《领导思想方法论》,解放军出版社2001年版,第273页。
[3] 〔美〕罗德里克·马丁:《权力社会学》,丰子义、张宁译,生活·读书·新知三联书店1992年版,第85—86页。

要揭示的是某种社会关系的特征。他这样定义权力（影响力）："如果 A 要求结果 X；如果 A 有意要使 B 造成 X 而行动；并且，如果由于 A 的行动，B 试图去造成 X，那么 A 对于 B 就施加了明显的影响力。"达尔还认为，权力或影响力可以是明显的，也可以是隐含的。根据弗里德里希提出的"预料反应法则"，达尔还解释了暗含的权力。在这种权力形式中，行动者并没明确表达自己的意向，但他拥有暗含的影响力："如果 A 要求结果 X，那么，尽管 A 并不是有意地为使 B 造成 X 而行动，只要 A 对 X 的愿望使 B 试图去造成 X，那么，A 对 B 就施加了暗含的影响力。"[①] 达尔关于权力的定义对组织社会学的影响力是很大的。克罗齐埃认为，达尔在定义权力时所要明确的问题是，任何权力现象，不论它产生于何种根源，不论其具有何等的合法性，不论它具有怎样的目的，也不论它使用任何方法，都蕴含着某一个人或某一群体对于另一个人或另一些人施加影响的可能性。达尔这一定义的优点是，它没有对权力的本质先建立一个理论，它可以适用于任何形式的权力，它可以接受其他各种可采取的措施。[②] 达尔的定义突出了权力双方的影响与被影响关系，以及权力双方的对立与冲突关系。

不过，克罗齐埃在讨论达尔的定义时提醒人们注意，一旦对权力持有者各自不太明显的能力进行比较时运用这一定义，就会遇到一些困难。他认为，如果我们暂时不谈 A 与 B 的权力，即 A 与 B 的能力问题，而是研究 A 与 B 双方关系中发展起来的一种权力问题，我们就可能发现 A 与 B 权力关系中蕴含着的一种重要因素。在克罗齐埃看来，这是一种协商的因素，它能使权力的意义发生完全的变化。其实，A 与 B 双方的每一次关系都要求相互的交换和适应。克罗齐埃进而提出，如果人们能够接受这样的假设：权力问题是涉及各自都想竭力对对方施加影响的双方在协商中试图支配交换条件的问题。权力是一方在与另一方的关系中获得对自己有利的交

[①] 〔美〕罗伯特·达尔：《现代政治分析》，王沪宁等译，上海译文出版社 1987 年版，第 38—39 页。

[②] 〔法〕米歇尔·克罗齐埃：《被封闭的社会》，狄玉明等译，商务印书馆 1989 年版，第 23 页。

换条件的能力。① 克罗齐埃的讨论缓和了人们对权力关系中不平衡的看法，让人们从交换中认识到权力的存在。

在现代社会中，也许诸多权力关系都是建立在自愿选择的基础上的，人们之所以选择是因为需要交换，而之所以要交换是因为至少一方有依赖性。罗宾斯就强调了权力关系中的依赖性，将我们进一步引向了对权力基础的关注。罗宾斯同意"权力是指一个人（A）用以影响另一个人（B）的能力，这种影响使B做在其他情况下不可能做的事"。他进一步论证道："也许关于权力最重要的一点在于它是依赖的函数"，"B对A的依赖性越强，则在他们的关系中A的权力就越大。依赖感建立在B感知到的可选择的范围以及他对A控制的这些选择范围的重要性的评价。只有当一个人控制了你所期望拥有的事物时，他才拥有对你的权力"。② 对于这种依赖性，爱默森还认为，在描述权力关系时，人们必须同时考虑到上级和下属。上级的权力以他约束别人的能力和愿望为基础，但构成奖励或惩罚的内容，最终由相关下属的目标或价值观来决定。爱默森举例说，一个枪手对于漠视自己生命的人是没有权力的；一个有钱人对于另一个根本就不在乎金钱或任何东西都可以用钱购买的人也没有权力。爱默森还提供了一个在关系里决定权力大小程度的方法，A对B的权力：（1）与B对A传递的目标的重视程度成正比；（2）与B在A—B关系之外达到这些目标的可能性成反比。③ 这些强调依赖性的定义确实有助于说明许多权力关系产生的基础，这与人们对重要性的评价有关。当你明显感受到自身所受的权力支配与影响，但你也会接受这一事实，因为你依赖于对方的重要性。

在对权力的资源基础重视的情况下，理论界曾出现一度将权力视为一种占有或特权的倾向。对此，一些理论家提醒人们，不论权力是以系统资源或是个人间社会关系的属性为基础，权力都表现为"能力"，而不是一种"占有"。受用"能力"界定权力的影响，福柯就将"权力"与"权

---

① 李友梅：《组织社会学及其决策分析》，上海大学出版社2001年版，第148—149页。
② 〔美〕斯蒂芬·P. 罗宾斯：《组织行为学》，孙健敏等译，中国人民大学出版社1997年版，第355页。
③ Richard M. Emerson, "Power-Dependence Relations," *American Sociological Review*, Vol. 27, 1962, pp. 31—40.

术"视为等同。他认为,统治者对肉体的训练中显示出权力实质上是"支配人体的政治技术",因而,"施加于肉体的权力不应被看作是一种所有权,而应被视为一种战略;它的支配效应不应被归因于'占有',而应归因于调度、计谋策略、技术、运作;人们应该从中破译出一个永远处于紧张状态和活动之中的关系网络,而不是解读出人们可能拥有的特权;它的模式应该是永恒的战斗,而不是进行某种交易的契约或对一块领土的征服。总之,这是一种被行使的而不是被占有的权力"。①

福柯的这一观点是有道理的。权力不能仅作为一种占有关系而存在。联系到上文克罗齐埃的定义,权力在很多场合体现在社会交换关系中。不过,在现代结构化的社会中,权力确实在很大程度上表现为一种特权、契约和被征服的领土。在一个被高度规范化、结构化的集合体中,权力是被明确规定的,处在某个位置上,总会有某种权力,它至少在形式上并不与"能力"相联系,它总受结构力量的支持。无论其行使过程是否有效,它都由制度保证其存在,因而权力才可以"授予"、"解除"或转移。②

从上述几种代表性观点看,各种定义之间存在着区别。有的观点重视权力的支配性以及社会关系中的不对称性;有观点将这种不对称性进行了限制;有的将权力与"能力"联系在一起,而有的将权力本身视为因占有某种资源而获得的特权。但是,在内核上的总体相似性表现为,各种定义者将权力视为社会关系中一种控制、强制、制裁、影响,等等。

结合上述分析,可以认为,所谓权力,是指在社会行动中,一方为了实现某种预期效果,利用各种资源或各种手段,影响、强制、控制、操纵、指导与支配他人的一种社会关系现象。这一定义在主旨上接近韦伯以及达尔。

不过,我们还应对权力关系的非对称性与社会关系的平衡性之间有一个清醒的认识。应该强调,除了极端暴虐以及特别不道德操纵的权力关系外,很多权力关系是发生在社会交换关系中的,权力关系的不对称与不平

---

① 〔法〕米歇尔·福柯:《规训与惩罚》,刘北成、杨远婴译,生活·读书·新知三联书店1999年版,第28页。
② 〔美〕约翰·肯尼斯·加尔布雷思:《权力的分析》,陶远华译,河北人民出版社1988年版,第8页。

衡往往会被社会交换关系的平衡性所缓解。也许正是因为有了这种平衡，社会才得以长期维持下去。丹尼斯·朗论述道："权力关系的非对称性在于掌权者对权力对象的行为实施较大的控制，而不是相反。但影响的相互性——社会关系本身的定义准则——从未完全被破坏过，除非采用对肉体暴虐的形式，这种情况显然针对一个人，但只把他当作一个物体。"① 但权力关系的非对称性常常被强调到这种程度，以至于使它与讨价还价或冲突中的"双边"权力关系或"权力平等"的说法形成矛盾。朗认为，这种论断把权力关系与其以一般形式存在于社会交往中的根基截然分开，有走得太远的危险，因为权力关系的非对称至少存在于同等者双方互动的公平交易之中，其中一个参与者对另一个参与者行为的控制是与另一参与者的控制行为互换的。非对称存在于每个行为构成的序列中，但在双方的互动过程中，参与者不断更换掌权者角色和权力对象角色。因此，如果把权力关系看作只有等级关系和单边关系，就忽视了人们之间或群体之间的全部关系——其中一个人或一个群体在特定领域内对其他人或其他群体的控制，由其他人或其他群体在不同领域的控制来取得平衡。参与者之间领域的划分通常是讨价还价过程的结果。朗还提到了"分散权力"的概念。分散权力一词是以参与者之间权力平衡和划分领域为特征的关系，是与由一方垄断决策和发起行动的完整权力相对而言的。分散权力存在于一方权力与另一方权力相互抵消的关系中，当影响双方目标和利益时，则通过讨价还价和联合决策程序来处理他们之间的关系。这些分散权力组成了完整权力之外的"负系统"。②

对此，当把权力关系从社会关系中剥离出来分析时，不要忽视权力关系只是社会关系的一种，在更多时候还要依托社会交换关系才能得以维持。爱默森从具体的权力关系中的互赖性出发也认为权力关系可能是相互的，在某个领域内，某个人可能拥有对另一个人来说很重要的资源，但他也可能不得不依赖于后者，因为在别的领域内，后者可能拥有对他来说很

---

① 〔美〕丹尼斯·朗：《权力论》，陆震纶等译，中国社会科学出版社2001年版，第10页。
② 〔美〕丹尼斯·朗：《权力论》，陆震纶等译，中国社会科学出版社2001年版，第11—12页。

重要的资源。如同个人依赖的程度会随环境而变一样，相互依赖的程度也会因环境的变化而不同。这种从情境中认识权力的方法确实极其有意义。

根据以上对权力概念的分析，可以发现权力关系相对于其他社会关系有以下几个特征：第一，权力关系的非对称性。权力是一方对另一方的控制与影响而不是相反。即使在相互制约或制衡的权力关系中，一旦存在某种权力，就一定意味有掌权者，他们对非掌权者而言总是处在权势的高位。第二，权力的有意性。权力是对他人的有目的、希望达到某种预期效果的控制。第三，权力关系可以是一种制度化了的社会关系。现代制度化的社会组织中的每个职位都设定了特定的权力，一个人可以因任某职而拥有行使特定权力的职能。当他离开这个职位，他也就失去了这个权力，而且在这个职位上的职权仍然留在职位中，并可以授予新的任职者。用安东尼·吉登斯的话说，这种权力的"前提是行动者或集合体在社会互动的具体情境中，彼此之间例行化了的自主与依附关系"[1]。第四，社会性的权力关系中存在着双方互赖：权力关系首先反映的是两个或多个人之间的相互关系，而且这种相互关系还表现在 A 之所以能对 B 施加权力，至少部分原因是 B 愿意成为这种权力关系的一部分；其次是 A 和 B 之间有一种交换关系，尽管它们是不对称的。

（二）权力的形式

由于在社会领域中广泛存在着各种不对称社会关系，因此权力就会表现为不同的形式。但对权力形式的概括则由分析者所依据的基础不同而不同。

弗伦奇和瑞文曾依据权力的基础或源泉提出了五范畴分类法。[2] 第一种是强制性权力，它建立在惧怕基础上。一个人如果不服从就可能产生消极的后果，出于对这种后果的惧怕，这个人就对强制性权力做出了反应。

---

[1] 〔英〕安东尼·吉登斯：《社会的构成》，李康、李猛译，生活·读书·新知三联书店1998年版，第78页。
[2] 罗宾斯：《组织行为学》，孙健敏等译，中国人民大学出版社1997年版，第356—358页。

这种权力取决于使用或威胁使用生理上的处罚、精神上的打击甚至是某种其他形式利益的直接的强制性剥夺。在人们可利用的所有的权力中，伤害他人的权力也许是最常用的，也是最受谴责和最难以控制的，这是由权力关系的不对称性决定的。很明显，弗伦奇和瑞文的这种强制性权力，应该包括武力和暴力。第二种是奖赏性权力，它与强制性权力在形式上相反。人们服从于一个人的愿望或指示是因为这种服从能给他们带来益处。因此，能给人们带来他们所期望的报酬的人就拥有了权力。这些报偿可以是人们认为有价值的任何东西。第三种是法定性权力。在正式的群体或组织中，获取一种或多种权力基础的最经常的途径大概要算一个人在组织结构中的职位了。由此获得的权力就是法定的权力。它代表一个人通过组织中正式层级结构中的职位所获得的权力。职位的权威包括强制性和奖赏性权力，而且还更宽泛。特别值得一提的是，这种权力包括组织成员对职位权威的接受和认可。当学校的校长、银行总裁和军队里的军官发话时，教师、出纳员和士兵只能洗耳恭听。第四种是专家性的权力。这种权力基于专长、技能和知识。由于世界发展日益取决于技术发展，专门的知识技能由此成为权力的主要来源之一。工作分工越细，专业化越强，我们目标的实现就越依赖专家。第五种是参照性权力。参照性权力的形成是由于对他人的崇拜以及希望自己成为那样的人。如果有人崇拜并认同你，那么，你就可以对他们拥有权力，因为别人想取悦于你。弗伦奇和瑞文的概括很简洁，他们同时也承认还应该有其他的权力源。根据弗伦奇和瑞文的论述，我们可以就这五种权力形式做如下（表4-1）比较。

表4-1：五种权力形式的比较

权力类型	影响方式	权力基础	影响性质
强制性权力	命令、要挟	惧怕后果	完全被动
奖赏性权力	合作、认可	寻求报偿	被动
法定性权力	接受、服从	法定权威	主动/被动
专家性权力	接纳、确信	技能专长	主动
参照性权力	崇拜、模仿	个人魅力	完全主动

丹尼斯·朗对权力问题集中研究时，对于权力概念分析中存在的主要问题与混乱，从权力的主要特征的角度总结为以下几个方面[①]：权力的有意性、权力的有效性、权力的潜在性、权力关系的单向性以及权力产生效果的性质问题。在梳理了这些方面的各种观点后，他提出了一种包容性的关于权力形式的谱系。他首先将权力的主要内涵表述为"产生预期效果的能力"，然后进一步把武力、操纵、说服和权威区分为不同的权力形式，而权威又分为五个子类：强制、诱导、合法、合格、个人。在他的权力图式中，武力、操纵和说服虽然是权力的三种形式，但与作为主要权力形式的权威相比在一些方面又有明显的不同。武力和操纵用来产生权力者期望的效果，但它们又非社会关系；说服虽是一种社会关系，但在实际行使中也只以明显的方式存在，缺乏其他权力形式所具有的潜在性。权威作为权力的最主要形式，则具备了权力的这五个特征。

与弗伦奇和瑞文相比，朗在分析中所考虑的关于权力的维度更多，其概括性也更强。尽管如此，可以发现，在朗及他人的论述中，他们将制度化的权力淹没在了对权力形式的一般分析中，没有对个人权力与制度化权力的区分进行特别强调。在现代社会组织化程度越来越高，制度性权力越来越普遍的情况下，本书认为，在区分权力的形式时，除了那些分类外，在总体上还可首先将之分为个人权力——它发生在一般社会关系中的人与人之间，以及制度化的权力——它与社会的制度化以及权力的合理化紧密相连。组织权力就是制度化权力的最主要表现方式之一。这种权力首先与具体的个人相分离，它作为制度性力量存在着，一开始并不由具体的个人所拥有，也非具体指向某个人，个人只有进入具体的制度场景或某种组织后，它才作为具体的人与人之间权力关系内容的一部分，以及人与人之间权力关系展开的背景。关于权力的这两种形式的区别如表4-2所示。

---

① 〔美〕丹尼斯·朗：《权力论》，陆震纶等译，中国社会科学出版社2001年版。

表4-2：个人权力与制度化权力的区别

权力形式 考察维度	个人权力	制度化权力
社会关系性质	人与人	社会或社会组织与个人
普遍性	个别化	常规化
主要基础	个人能力	合法化能力
权力形式	武力、操纵、权威、说服	武力、操纵、权威、说服

（三）权力的度量

权力现象表现为社会关系中其中一方的受控制状态，对这种状态的强弱程度的描述，就是对权力的度量。对权力进行度量和比较是十分必要的，一方面可以使我们能够客观认知所拥有或施行的权力大小；另一方面也可以使我们在社会关系的平衡性中进一步明了究竟哪一方更有权力。当然，由于权力关系的属性是多重的，评价与测量的方法也会有区别。

如果从权力关系的自觉与互动程度出发，我们就可以对比各种权力形式在这些方面的不同。越是不能体现出自愿、交换以及其他互动特征的，就表明该权力在形式上的控制越强。在武力、操纵、说服与权威这四种权力形式中，由于武力与操纵不能体现出关系双方的自觉与互动的特征，相对于其他权力，这些控制在形式上就表现得很强烈。同时，由于武力与直接剥夺相联系，它也就比操纵显得更有侵犯性。对权威这种形式来说，权力双方虽非对称且一方认为受到义务的约束，但权力关系的存在却以双方的自觉和互动为基础，所以权威在形式上所表现出的强烈程度显然低于赤裸裸的武力或操纵。而说服是控制力在形式上最弱的一种。例如，如果A向B提出论据、呼吁或劝告，B根据自己的价值观和目标独立地估量其内容后，接受A的意见作为自己行为的依据，那么，A就成功地说服了B。由于B是否接受A论点的选择，原则上不受惩罚、奖励，或感到有按A的想法去做的义务的约束，而且由于B在原则上有向A提出自己相反论据的自由，从而更换说服者与被说服者的角色，所以在这种权力关系中自觉与互动的特征表现最为突出。这样，我们可以对武力、操纵、权威及说服这四种权力在控制形式的强度上进行排序。如图 4-1 所示。

强　武力 ←—— 操纵 ←—— 权威 ←—— 说服　弱

图 4-1　四种权力在控制形式上的强度比较

　　这种比较只是从各种权力的形式特征上做出的，要比较某种权力实际的大小，还需要从某种权力自身的某些属性来衡量。上文提到，罗伯斯在强调权力关系的特征时，他提出了依赖性这一维度。他论证道："如果你掌握的资源是重要、稀缺且不可替代的，那么人们对你的依赖程度将会增加。"① 那么，可以根据依赖的强弱，对权力的大小进行度量。关于重要性，如果没有人对你掌握的资源感兴趣，那就谈不上什么依赖，也就更谈不上什么权力了，因此，要想扩大和强化自己的权力，就必须追求拥有对他人来说非常重要的资源。我们曾强调，权力关系中虽然双方可以是互赖的，但这种互赖之所以不能使权力关系双方间的关系真正对称，就是因为双方从总体上所掌握的资源在重要性是有不同的。关于稀缺性，如果某种资源充足，那么拥有这种资源并不能增加你的权力。一种资源必须被认为是稀缺的，才能使他人依赖于你，使你有权力。关于不可替代性，一种资源越是没有替代物，则由于实现对它的控制而带来的权力就越大。根据这种不可替代性，罗宾斯提出了"权力弹性"概念。所谓权力弹性，是指对于可供选择的资源的变化，权力发生的相对变化。可以用它来描述权力强度。图 4-2 所示。这一权力弹性曲线图显示了 A、B 两种情形下的权力弹性。A 曲线的弹性小，表明 A 拥有资源的不可替代性强，其相对方通过资源替代而增长的权力小（从 A′到 A″），相反，A 所拥有的权力就较大。B 曲线的弹性大，表明 B 拥有资源的不可替代性弱，其相对方通过资源替代而增加的权力就较大（从 B′到 B″），相反地，B 所拥有的权力就小。罗伯斯的这一模式能揭示出许多决定权力大小的客观因素，但这却对影响权力大小的主客观因素均考虑不足，比如权力者主观能动性与权力的实际效果。

　　相比之下，鸠文内尔提出权力关系的三个属性对衡量权力的大小所提供的说明更全面一些。鸠文内尔认为："权力或权威有三个特性：广延性

---

① 〔美〕罗宾斯：《组织行为学》，孙健敏等译，中国人民大学出版社 1997 年版，第 359 页。

是指遵从掌权者命令的 B（权力对象）数量很多；综合性是指 A（掌权者）能够调动 B 所采取的各种行动种类很多；最后，强度是指 A 的命令能够推行很远而不影响遵从。"① 显然，依据这三个属性能对权力大小进行判断。如果一个人、群体或机构能对更多的人发号施令，相比于只能对少数人这样做来说，权力会更大。同样道理，如果掌权者施权的领域广，并且能在推行权力的过程中不受阻碍，肯定相比于施权领域狭小、权力施行经常遇到阻碍的掌权者来说权力更大。这种从权力运用的有效性进行的分析与我们的日常感觉是一致的。鸠文内尔的这种分析会使人很容易地联想起巴纳德、西蒙提出的关于命令接受的"无差异区间"——这一概念大体上可对应于鸠文内尔关于权力的综合性与强度。在权力对象的无差异区间，权力施行容易被接受而且能被推行到足够远。扩大权力对象的无差异区间，就是增加了权力的综合性与强度。鸠文内尔衡量权力大小的模式与前面方法相比有一个突出的特点，他超出了在权力本身某些具体要素上的讨论，转而从权力施行的外在效果解释其大小。

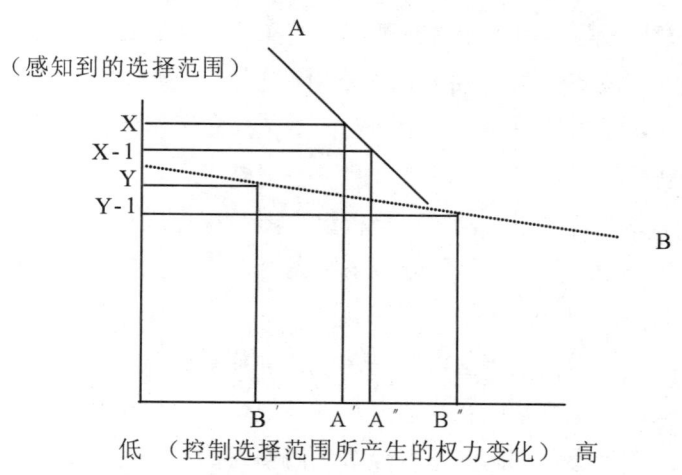

图 4-2 权力的弹性

资料来源：罗宾斯：《组织行为学》，孙健敏等译，中国人民大学出版社 1997 年版，第 360 页。

---

① B. Jouvenel, *Authority: The Efficient Imperative*, Authority, C. J. Fridrich, Nomos I, Harvard University Press, p. 160.

根据鸠文内尔的理论，如果我们用 p 代表权力值，n 代表权力客体的数量，c 代表权力影响的综合性，r 代表权力影响的强度（包括对权力的正反馈的速度），就可以引申出计算权力值的函数：

$$p = \sum_{i=1}^{n} f(c,r)$$

这一函数可以帮助我们总体上判断某一权力节点上有权者的权力绝对值，也可以在此基础上通过比较不同权力节点上的有权者的权力测量其中某一方的相对值。当然，这一函数式要真正能够得以运用计算出权力的精确值，还需要进一步确定测定各自变量值的方法及其在函数中的权重，而这些方面只是处于起始阶段。

二、组织权力

第三章已经说明组织作为控制体系的实质，即它是一个拥有剩余控制权、建立起行政支配关系的人的集合体。因此，权力与组织须臾不能分离。但是，由于组织契约的不完全性特质，决定了组织剩余控制权的分享而非完全转移，所以组织内的权力并不一定被组织完全规定或拥有，参与者仍可分享到一定的个人权力。分析组织内的权力应从两方面入手，一是要分析组织权力，另一个是要分析组织内的个人权力。这一部分首先来讨论组织权力问题。

所谓组织权力，主要是指组织在形式上拥有的对于参与者的权力。组织的权力赖以产生的基础有两个：其一是组织基于剩余控制权的权力；其二是组织基于社会化、制度化、合法化而获得的权力。二者通常结合在一起，并直观地表现为基于剩余控制权的权力的。

在现代社会，组织作为法人，它具有民事权利能力和民事行为能力，依法独立享有民事权利和承担民事义务，从而获得法律化的人格。除此之外，从社会学的角度讲，组织也是在获得一种社会身份后才进行社会活动的，不存在没有社会身份的组织。有了这种法律的或社会的身份后，组织就能在整体上作为社会关系的一方而存在，从而获得权力。甚至对组织的所有者来说，由于他们个人身份与组织社会身份的不同，他们也要受其约束，其行动也不是随意的。

目前，少有论述组织作为人格化的集体所拥有的权力，更多地是从内部结构关系或人际间关系的角度来分析组织内权力的，几乎将之看成是组织权力的全部内容。然而，以建构主义的视角看，组织的社会制度化权力是形成于社会的一级构建过程中，但正如本书在第二章分析组织的文化观时所讨论的，这种一级构建模式还不能证明具体权力关系的形成，故而还要进一步结合组织的二级构建过程来分析组织权力的基础。

组织之所以对参与者来说有明显的、普遍的权力，是因为前面我们分析的现代组织的形成机制时所表明的，在契约的基础上，组织通过购买或签订长期契约获得了对生产要素的剩余控制权。生产要素总体上分为物的要素和人的要素。对物的要素通过购买或签订长期契约组织获得了一种替代市场配置的剩余控制权，对人力要素也同样如此。这种行政控制权意味着，对作为活要素的人，组织拥有对其与组织活动有关的所有行动控制权。通过这种社会过程与机制，使组织的参与者进入了具体的权力关系中。一旦参与者进入了组织，组织所拥有的基于其身份的权力就结合着组织的剩余控制权施加在了参与者身上。剩余控制权是制度化权力得以实现的基础，而制度化权力是剩余控制权的社会形式。

（一）组织权力表现形式

组织权力的表现形式多种多样，可以综合为以下几个方面：

1. 代表权力。这是由上述分析中论述的组织的法人资格以及社会身份所决定的。组织会以自身的名义而不是任何个人名义对外进行沟通，处理关于环境以及与其他组织的关系，这些结果是组织的所有参与者需要接受的，同时组织还会以自身的名义对内部关系进行管理与监督。

2. 目标权力。作为行政控制的体系，目标是组织存在的基础，它为组织的运行指出方向，并阐明组织的价值。关于组织目标问题存在着几种不同的见解。一些分析家强调，目标对组织参与者施加了影响，目标提供了从可选择的行为方向中进行创造和选择的标准，这一标准不但为决策和行为提供指导方针，而且也将压制因素施于其上。另一些分析家看重的是目标的象征功能，认为目标向组织成员表明了其重要意义。组织采用的目标、组织服务的目标、组织体现和代表的目标等一切象征目标，对组织获得合法地位、找到联盟者、吸引资源和参加者产生重要的影响。还有观点认为，目标陈述也是评价参与者或整个组织行为的基础，即目标提供标准，组织的目标或标准被用来识别和评估组织运作的一些方面。可以见得，无论是作为评估及指导的标准，或者是作为象征性的符号，目标只能代表着组织的形象或组织的意志，它高于组织参与者的个人目标。尽管在分析组织目标的过程中，应该警惕那种假设存在着某种集体化目标赖以形成的形而上学的集体思想，但是即使参与者能对组织目标施加影响，这种影响也必须通过组织目标的形式表现出来，不可能在形式上表现为个人的意志。组织目标一经确立，就具有相对的稳定性，在一个较长时期内对组织内的任何人都有影响力，若欲改变组织目标也必须参照现有目标来进行。

3. 决策权力。组织中的决策权在形式上不属于个人。没有组织认可的资格，个人就不具有合法的决策权，从这一点来说，组织拥有着决策权。当今社会中个人身份与组织身份是分离的，组织必须迎合社会对其角色的期待，在社会规范中运行。社会规范要求组织决策应具有合法的形式，这种合法形式往往是通过表示决策是组织的选择来体现的。对决策过程有直接控制力的参与者，也应当在形式上通过组织的程序和体制来施加影响，那种体现着当权者意志的决策也必须以组织的名义对内对外宣布。剩余控制权的一个最重要的方面就是体现在决策权上，但是如果决策权在形式上是由个人掌握的，那么被控制者就失去了在社会上的尊严，而在形式上认可组织的决策权，则可以较好地处理这一问题。另外，组织决策其实是技术理性和合作理性的体现，组织所有者的技术理性能力并不必然是最强的，通过一定的程序吸引更多的人特别是专家参与决策，会使决策的科学化程度提高，同时通过在决策中提高其他人合作的积极性，也更能使组织决策在执行中更顺利。这样，每一个组织都会规定具体的决策机构与决策程序，而非由个人决定来决定一切。由是观之，组织决策实际上表现为组织的行为。正是由于决策是由组织做出的，所以参与者在形式上接受的是组织的控制而不是个人的控制。

4. 规则权力。现代正式组织以其集体行为的结构化和稳定的模式为特征，这些模式得到惯例、程序、规章、传统以及其他形式的组织规则的维系和反映。规则使组织活动惯例化,并定义了组织内的权威关系。在此意义上,组织的控制依赖的是规则,规则体现为权力。马奇等人曾区分了四种普遍的组织规则的不同形象。① 第一种将规则视为形成巧妙组织的有意识的、理性的努力。它说明使行动具有可信度和一致性的规则,能解决组织内的合作和交流问题。第二种将规则视为具有衍生性特征的有机体。它说明规则是一种社会标准。第三种将规则视为组织现实构建的一部分。它说明规则不仅是行动的模板,而且也是组织的象征,组织部分地通过规则"话语"而得到理解。第四种将规则视为历史的编码。它说明规则是组织知识的储藏所。这四种形象都从整体上说明了组织内的规则被组织所拥有,它不是一种人际关系的体现。

5. 行为支配权力。组织契约理论已说明,组织拥有对参与者的剩余控制权,这种剩余控制权除了以上探讨过的,即组织以目标控制、占有决策权以及制定规则来对参与者的行为进行控制外,其他的被组织认为正当的行为也受组织支配。特别是在传统的观念中,组织几乎是个体参与者的统治者,组织拥有对参与者的特权。"正如自然赋予了每个人以支配自己的肢体的绝对权力一样,社会公约也赋予了政治体以支配它的各个成员的绝对权力。"② 服从组织的需要成了组织支配的依据,甚至不顾法律的条文。③ 除了公共组织外,人们也许能联想到老福特时期通用汽车公司对雇员的个人生活调查与控制的事例。当代社会,这种组织对个人严重控制的现象,或者说组织对个人的特权,已不像过去那样极端,但是,组织仍可以要求你统一着装或要求你对顾客微笑,组织可以要求你参加培训或其他活动从而接受组织所倡导的文化与价值等。组织是什么?组织除了是你工作的世界,组织还是你生活空间的一部分,在这两方面组织都可以发挥明显的影响。

6. 奖惩权力。对参与者的奖惩权力,也是组织权力的重要构成部分。

---

① 〔美〕詹姆斯·马奇、马丁·舒尔茨、周雪光:《规则的动态演变》,童根兴译,世纪出版集团、上海人民出版社2005年版,第10—16页。
② 〔法〕卢梭:《社会契约论》,何兆武译,商务印书馆1982年版,第41页。
③ 〔美〕杰伊·M. 谢夫利兹:《政府人事管理》,彭和平等译,中央编译出版社1997年版,第175页。

一是几乎每个组织都制定了奖惩措施，奖惩在形式上是由组织依据规章做出和实施的；二是无论奖惩的内容涉及的是物质的或是精神的，这些都不是其他个人所提供，而是组织所提供的；三是奖惩带来的后果是由组织最终承担的。在一些企业家①所领导的组织中，尽管企业家拥有一个组织，组织管理风格中的企业家的个人性格比较突出，但这样的组织仍要具有合法的社会身份，个人身份与组织身份仍是分离的。在其他所谓的所有权与经营权相分离、组织法人的集体品格相对于个人来说具有独立性的组织中，奖惩的权力更是由组织所享有。

7. 分配权力。作为联盟层次之下的目标执行组织，人们可能认为关于分配的问题已经在最高的联盟层次中解决了，即分配的权力属于组织之上的联盟领导层。实际上，在组织层次上仍拥有相当大的分配权力。这种权力表现在以下几个方面：一是对薪酬承诺的兑现。工资薪酬虽然由契约一开始就加以规定，但组织一般都会通过对参与者的实际贡献的考核进行变更。二是通过激励等形式进行的分配。三是所谓的政策允诺。按照马奇的说法，组织内除金钱的补贴外，政策允诺更是一种重要的分配，政策过程使组织内的参与者的优先权得以不同程度的实现。四是一种经常受到忽视的分配权，即联盟并不设立会计机构，这一机构是由组织所领导的，而会计是现金分配的最主要的技术部门，会计部门所提供的信息直接关系到工资与利润以及组织活动中的资源的配置结果。

以上所说的权力形式是根据制度化了的权力在组织运行中的不同功能领域进行论述的。其中，每项功能性权力又可结合着朗等人基于基础不同而对权力形式的区分来理解。

（二）组织权力的结构化

组织权力真正运行还需要进行结构化的安排，即需要对组织权力进行合理化配置。总体看来，组织权力的结构化配置受以下几种原则的影响与

---

① 这里的"企业家"是熊彼特定义的企业家，即不只是企业而且也包括其他组织的创立者、拥有者、领导者。

支配：

1. 控制原则。所谓控制原则，就是强调组织对参与者的剩余控制权力。组织是一个通过契约而拥有剩余控制权的集合体，不符合对剩余控制权占有的权力结构配置原则的组织，不可能是一个健康的组织。

早期的关于组织控制的理论特别强调组织管理者的职能分析，认为管理者必须充分拥有指挥、控制、人事、预算等权力，才能使组织良好运行。实际上，管理者是否直接完整地拥有这些权力，并不是衡量组织是否拥有剩余控制权的唯一指标，真正考察组织是否充分拥有剩余控制权，还应结合参与者的行为与组织目标的一致性程度来认识。研究表明，参与者的行为越是不能与组织目标一致，管理者对权力完整性及权力的直接性越重视，一旦参与者的行为与组织目标相一致，管理者越不倾向于直接行使权力，而组织却保有最大限度的剩余控制权，这时组织权力的广延性、综合性与强度反而却很大。

2. 效率原则。这是最早运用于分析组织权力配置问题的原则。可以说，影响组织权力配置的效率因素是综合的，可大致概括为四种：一种是组织科学分析的观点，其代表人物的思想在上文有过专门的论述。他们主要认为，合理的结构和程序有助于组织管理的高效率，而这种合理的结构是金字塔型的科层制，它能保证命令统一、人在组织内的行为高度可测，以及信息的有效传递；另一种是突破了组织的机械论的行为科学观点，其中的一些人倡导下层员工的参与以及组织的授权，这样可以保证人对组织的忠诚，从而提高组织运行效率；第三种是基于"信息流是组织的血液"的观点，认为现代社会信息传递的方式要求组织结构的扁平化，通过保证信息在组织中的传递及处理的高效化，使组织更有效率；最后一种是根据组织完成任务的性质不确定性来确定。组织的权力结构应随着决策中面临的不确定性程度来决定。一般来说，确定性程度越高，组织结构越紧凑，规则的有效性越强。相反，不确定性程度越高，组织结构越松散，规则的有效性越低。不过，也存在与这种所谓的普遍性不一致的情况。例如，有些组织往往通过加强控制来使组织在更多的不确定的环境中得以维持。这样的事例经常发生在那些封闭式的组织内，参与者不太容易选择退出，他们也无力对组织权力分配做出改变。

3. 社会化原则。组织研究的制度学派认为，组织的权力结构安排是一入不断接受和采纳外界公认、赞许的形式、做法或"社会事实"的过程，即社会化的过程。迪马奇奥和鲍威尔认为，组织的社会化原则蕴含着三种机制[①]：一是强迫性机制。如果一个组织不遵守某种公认的规范或强制性法规则，就会受到惩罚，失去许多便利，致使利益受损，相反，就会得到许多机会。二是学习机制，即组织间相互模仿、相互学习同领域中成功组织的行为和做法。学习的一个重要条件是环境的不确定性。当环境不确定时，各个组织不知道怎样做才是最佳方案时，通过模仿那些已经成功了的组织的做法，可以增加应对不确定性的能力。三是社会规范机制。社会规范产生共享的观念和思维模式，这种共享的观念和事实是一种制度约束，如果组织有悖于这些社会事实，就会出现"合法性"危机。社会规范诱使或强迫组织采纳公认的合法的形式。社会化原则有助于解释现代社会中不同的组织为什么会有内部结构的相似性。

（三）组织权力的类型

在以上原则的支配下，组织权力得以结构化。这种结构性权力主要有这样几种类型：职位权力，层级权力，部门权力，规则权力，授权与参与等。

1. 职位权力。它是指组织中的每一个职位所拥有的正式权力。组织的结构性特征首先表现它最终可以被看成是一系列职位相联结而成的，每个职位相应地有其职权，而拥有职权也正是由于其履行职责所必需的。因此，在组织的结构安排中，不同的职位拥有不同的权力。这些职位权力范围又按其在组织中的具体位置来进一步划分。

2. 层级权力。所谓层级权力，是指组织内的职位权力在形式上是分为不同等级的，层级越高，这一层级结构上的职位权力越大，层级越低，则权力越小。在组织顶层，上述我们探讨过的组织的七种权力都在形式上高度集中于此。而组织中的基层，其职权都是被分割的，只享有局部的权

---

① Paul DiMaggio and Walter Powell, "The Iron Cage Revisited: Institutional Isomorphism and Collective Rationality," *American Sociological Review*, Vol. 42, 1984.

力,或者有些组织权力他们是分享不到的。在科层制组织形式高度流行时期,组织的层级权力结构是金字塔式的,特别是权力的广延性、综合性等由下而上递增的特征很明显,因此经常把这种权力结构称为"A"型结构。在当代,由于"生活质量运动"、环境变化加剧以及信息技术发展等原因,组织中间层的权力配置越来越受到削弱,组织的层级权力结构正由"A"型向"M"型过渡,即基层职位权力范围在逐步扩大,中层结构越来越压缩、权力越来越减少,而顶层的权力也在不断增长。有人喜爱用"扁平化"概念概括这一特征。

3. 部门权力。所谓部门权力,是组织内的权力除了按层级进行配置,同时在组织内还要按职能部门进行分配。如果说层级结构权力是纵向的权力配置的话,那么职能部门结构的权力就是对职位的横向权力配置。横向的权力配置使组织中出现了许多平行的权力单位。一个组织中的职能部门越多,这些平行的权力单位就越多。之所以说部门权力是平行的,是因为它们如果处在同一层级上,它们之间在权力的位阶上相同,互相间在形式上不存在命令与指挥的关系,即使不是处于同一层级,它们在其职责范围内也只接受同一职能部门的上层的命令与指挥。

4. 规则权力。它是指组织通过规则展现和运用其权力。吉登斯认为,权力关系通常是以极为深入的方式根植于例行化行为之中。[①] 组织活动的惯例化集中体现在规则中,规则定义了参与者的行动内容、子部门间以及决策结构间的权威关系和关联。我们所熟悉的组织系统图是规则的视觉化形象:进入组织要经过在雇佣合同中详细规定的责任和义务规则的审查,内部流动受到在奖惩政策中体现的标准的调节,上下班的时间安排以及工作活动也受到规则的管理。可以说,现代组织的有效性都要归功于它们能经创造性方法创建和实施组织章程,这些方法反映了组织所积累的经验教训,指导行为并使组织承诺得以象征化。当然,各种规则也并不都以同一方式起着相同的作用。有些规则对参与者的影响是以明显的有意识的计划起作用的,有些则以不太引人注目的方式发生着,而还有些规则经常被作

---

① 〔英〕安东尼·吉登斯:《社会的构成》,李康等译,生活·读书·新知三联书店1998年版,第79页。

为组织意识形态的体现而得到颂扬和支持，但在根本上很难执行。

5. 授权与参与。所谓授权与参与，是指把传统上不属于某一层级拥有的权力，通过一些辅助的渠道将权力临时地或非正式地授予它。一般认为，这种方式有利组织沟通，从而提高效率。组织中的层级权力与部门权力都可以十分清晰地反映在正式的组织权力配置图上，但是授权参与的权力却不一定能够在此准确地得以反映，因为它只是组织管理者行使剩余控制权的一种手段。当然，这种方式也可改变正式的职位的实际权力，同时也是被组织所认可的，所以也可将之看成是组织的结构性权力。

三、组织内的个人权力

组织的权力是由组织所占有、由组织规章所规定、能够从组织结构图中找到其主体及其运行轨迹的权力，所以它是显性权力。组织中除了这些显性的权力外，还大量存在着非显性的、非正式的，即隐性的权力，这是组织内权力关系存在的另一种状态。相对于后者，这里用"个人权力"一词，以同上述组织权力相区分。

全面看来，组织内的个人权力从指向上来说，它既可以指向组织的目标和利益，也可指向个人控制的努力与利益。麦克利兰曾以这种个人权力的两面性为基础，将权力分为两种类型：正性权力和负性权力。所谓负性权力，人们常用的"权力饥渴"这个词就反映了对权力的负性感受。根据麦克利兰所说，权力"……与过度饮酒、赌博、更多的侵略性冲动、收集'标志声望的用品'如敞篷汽车等相联系，……关注这种个人化权力的人更易超速、发生事故、与人发生争斗。如果……被政治官员所拥有，特别是在国际关系领域，结果可能是不佳的"。这种权力的负性使用与个人化权力相联系，主要而且实际上具有负性的结果。与此相对的是麦克利兰界定的社会化权力，亦即正性权力。其特点是"关注团队的目标，寻找可以驱动团队成员的目标，帮助团队塑造其成员，主动为团队成员提供实现目标所需的能力和力量"①。拥有这种正性的社会化权力倾向的管理者经常处于这样一种不稳定的位置，即在表现个人的控制欲和表现出社会性之间徘徊。麦克利兰收集了一些实践证据，表明社会化权力的管理者是非常有效的。但是在某些方面，这种权力在组织有效中可以扮演的角色与更为人性化的立场是相对立的，这种立场强调民主的价值和参与者决策的重要性。但后来有一些实际证据可能不支持麦克利兰的观点。一些研究发现，具有高度权力需要的人可能压制信息流，特别是那些与自己期望的行动相违背的信息，因此会对有效的管理决策产生负面的影响。② 由于并不能明显地区别两种个人权力的后果，这里也就不再注重从正负两个维度对个人权力进行讨论。

（一）组织内个人权力的基础

概言之，组织中个人权力是组织参与者对组织所拥有的剩余控制权分享的结果。前面我们分析了组织的性质，表明了契约机制决定了组织拥有关于人或物的剩余控制权。那么，从表象上看，组织中任何个人不拥有对他人的个人间的控制权，即不应存在个人间的权力关系，而实际上，组织中个人间的权力关系存在的事实只能说明，某个人或某些人分享了组织权力。

组织中的参与者之所以能分享组织所拥有的剩余控制权，主要是由组织的人力要素契约是不完全的这一深层次原因所决定的。前面论述的当代政治经济学关于组织特别是企业性质的理论，认为组织是对市场的替代，或用科斯的话说是用一种长期契约代替了即时交易的市场契约。组织的生产要素可分为人的要素与物的要素两种，组织契约也因此可分为关于物的要素的契约和关于人的要素的契约。对于人力要素来说，是企业通过购买，或者说人力要素为获得一定的报酬而同意，在一定的限度内服从企业

---

① David McClelland, "The two faces of power," *Journal of International Affairs*, Vol. 24, 1970, p. 36.
② E. M. Fordor and T. Smith, "the power motive as an influence on Group decision making", *Journal of Personality and Social Psychology*, January 1982, pp. 178—185.

家的指挥。但这一交易过程实际上并未结束。人力要素与物力要素的产权特征不同，物的生产要素一经买入，就脱离了原来所有者的控制，其控制权就完全转移到了新的所有者手中。但关于人力要素的合同则完全不同。

一是人力资源合同的不完全性与人力要素的产权特征有密切关系。相对于物的要素，人力要素或者说人力资源的产权特征表现在以下几个方面：一是个人占有的天然性，即人力要素只能天然地由其载体即个人占有。舒尔茨认为："一个人是不能出卖自己的教育资本的，也不能将自己拥有的教育存量作为礼品转赠他人。他的人力资本存量，在有生之年可以被使用和保持。"[1] 事实上，任何人也不能在将自身人力资源出卖或转赠时，会使其与自身载体相分离，人力资源的使用最终还是由其载体的神经中枢控制。这就是人力资源的占有权的唯一性。这样，通过生物载体的个人自我投资或其他人的投资而形成的人力资源，只能存在于载体个人体内。二是运用主体的唯一性。由于只有载体才真正拥有人力资源的占有权，这一特征决定了也只有这一载体才有运用的权利。这里的运用权与使用权是不同的。组织通过契约与人力资源的所有者进行交易，按质按需论价，出资购买约定时期内的使用权。但如何运用人力资源中蕴含的知识和技能，发挥出多少和多高质量的效用的权利，仍然掌握在载体个人手中，即人力资源的运用权是不会转移的。如果人力资源占有和使用的主体不一致，并且二者的意志不统一于占有者的意志，使用权主体的收益的不确定性程度高，就势必会产生"自贬"效应，即占有者在其运用中将相应的人力资源"关闭起来"，甚至使其价值降低或荡然无存。三是人力资源价值实现的自发性。人力资源是巴泽尔所说的"主动财产"，它会自发地实现其自身的价值。对于物的资本来说，如果没有外力的作用，其价值将永远不可能实现，并且会随着时空的演进变得陈旧、破损。与之不同，以能动、理性和有创造力的人力资本，无须成为外在主体的目标，本身就具有实现自我价值的主动性和积极性，当然，这种主动性不一定是其针对组织的最大贡献，而是根据如何实现自身成本—收益最佳组合来付出活劳动并

---

[1] 〔美〕西奥多·W. 舒尔茨：《人力资本——人口质量经济学》，贾湛等译，华夏出版社1990年版，第3页。

进行人力资本的投入。由此可见，人力资源的这些产权特征使组织购得的使用权本身是不完全的，即使组织名义上拥有完整的使用权与控制权，也只是与参与者签订了一个不完全契约。

二是这种不完全性还与人力要素契约的长期性有关。人力资源自身价值的实现与组织控制之间的博弈，既由人力资源内在的产权特征所决定，同时还由人力资源契约本身所决定的。人力资源契约是长期契约，其特点在于对人力要素使用的长期约定，但这种约定非常笼统，只对交易、使用、控制等进行一般性规定，其他的细节要等进入了组织后再说。虽然看来组织通过契约拥有决定使用细节的权力，但事后双方往往还可讨价还价、重订契约。组织对人力资源的管理、指导和任务分配过程，从而变成了继续维持参与交易双方都能接受的合同条款的再谈判过程。人力资源的使用细节并不完全由行政权威单边决定，而这灵活性和再交易性也决定了契约的不完全性。

三是这种不完全性还与组织过程本身有关，它是人力资源契约不完全性得以表现的重要外在条件。组织过程的一个重要内容就是处理各种不确定性，解决不确定性的过程就为契约不完全性的实现提供了种种机会与可能。如果组织处理的都是各种确定性问题，那么组织就有能力建立起完备的控制机制，通过种种约束性规则，包括大量的定量标准，达到消除人力资源合同中的不完备性的目的。但是，组织只能根据过去的知识尽可能做到这一点，而现在以至未来的任务中存在许多不确定性的情况，处理这些不确定性依赖的不是固定的规则与标准，而是需要组织中各级参与者积极主动的努力，也就是说要发挥参与者的能动性。组织需要参与者能动性发挥的这一客观要求，势必会造成参与者有机会实现促进自身利益的动机，利用各种情势与资源与组织讨价还价，影响组织的目标，分享组织的决策权等权力。

以上分析能使我们找出组织内人际权力关系得以存在发展的内在的客观基础，即在组织内存在参与者分享组织剩余控制权的种种条件。这就使我们在对组织内人际权力关系的产生、存在与发展的分析中，有了一个相对合理的根据。

(二) 支配组织内个人权力分布的主要原则

由于组织内的个人权力是对组织权力的分享,因此对于支配组织中人际权力关系分布的原则也就不同于组织权力配置原则。这里主要包括:动机原则、结构原则、资源原则、能力原则,等等。它们与参与者的特征、所处的情势及其能力状况等因素相联系。

1. 动机原则。所谓动机原则,是指组织参与者对个人权力的追求受个人动机支配。动机原则是首要的,因为权力不属于默默无闻的人。我们曾提到,现代组织理论关于人的认识中形成了一种更为实际的观点,即组织中的参与者不仅有一双手和一颗心,还拥有一个头脑,一种计划,一种自由,但这并不表明每个人的自由能力以及对自身权力的了解都处于同一水平。有研究表明,高权力差距文化中的人,如那些接受权力不平等分配的人,比低权力差距文化中的人更可能遵从法定的权力。① 除文化因素外,还可以肯定,有些人自我意识强,权力意识明显,而另有一些人自我控制力较弱,其对权力较为淡漠。个体的权力意识强烈,就可能在组织中获得超出组织所赋予他们的权力,而如果其权力意识弱,则很可能连组织赋予的权力也不能很好保有。

2. 结构原则。所谓结构原则,是指参与者在组织中所处的结构性的地位,可能决定其获得的个人权力的大小。组织权力按照一定原则在组织中进行分配,由此形成了组织权力的结构化。然而,在组织的结构层级中的每个职位都是由具体的人来充任的,每个职位上的人也就相应地掌握了该层级职位的权力。虽然这些职权是组织权力的体现,但是这对于个人来说是一种资源,从而也为参与者个人创造扩大自身权力的条件提供了便利。一个参与者在组织中的职务性、合法性的权力越大,就越有可能获得更多的个人权力,他们可以将个人权力与组织权力结合起来加以运用。在动机原则支配下,个人权力与组织层级有种正相关关系。除此之外,组织权力

---

① 〔美〕麦克沙恩、格里诺:《组织行为学》,井润田等译,机械工业出版社2007年版,第247页。

实际运行过程中还存在着中心化的情形,即在组织流程中,总有一些部门处于中心地位,其他部门都要更多地与之发生工作关系,由于该部门对其他部门的影响大,其权力相应也较大。这样,占有者处于中心性部门,也会因此获得较多的影响别的人或部门的机会。

3. 资源原则。所谓资源原则,是指组织的资源的配置不是平均的,在组织中掌握了较多资源的参与者,其权力可能越大。"组织中的资源"是一个相当宽泛的名词,这里主要指的是每个人或部门所掌握的信息、金钱、技术、材料、关系和顾客等的那些方面,甚至也包括了上述的职位权力。一般来说,组织中的关键资源是按层级由上而下分配的,但这并不表示每一层级中的多个部门或职位拥有同样多的资源,而资源是权力的基础之一,拥有资源多特别是稀缺资源多的人权力也可能越大。例如,从信息资源的角度看,由于信息是组织或个人做出决策的依据,具有战略上的重要性,那些掌握获得相关及重要知识信息的渠道就等于掌握了权力。在组织中,一些建议者能够通过其单方面提供的信息使一个政策发生变化,但反过来,收到这些信息的人也能够通过自己是否传递信息来影响与他交往的人。例如,组织中的秘书职位在职级上并不一定很高,但他们可以最早接触到组织的关键信息,这些信息无论对部门或其他人都非常有用,他们利用这一优势发展自身权力的现象很突出。会计在组织中是辅助性职位,但也因其掌握了重要的信息资料而在人际关系中明显处于有利的地位。还可以从技术资源的角度来看,技术在处理各种不确定性问题中具有相当的可靠性,这样,如果一个组织非常依赖技术,那么技术部门或技术人员就可能有较大的权力。掌握特殊技能或难以被替代的专业化职能的一些专门知识的专家往往具有独自操纵的本领,专家可以通过一些专门的知识来解决一些重要问题,并且可以使专业复杂化进而加强组织对他们的依赖。因此,专家在与组织交涉中或与同僚协商时经常能够占据有利的位置。当组织的活动、部门和重要职能的正常运转必须依赖于他的介入时,他还有可能把这个介入作为优势或特权来进行交易。这样,能够在组织中拥有特殊的及专业的技能的人就拥有了某种权力,这种权力是有实际意义的。当然,有些资源也不一定是明确地分布在组织之中的,它需要谋权者在组织中加以培养,比如人际关系网,这也是一种相当重要的资源,但它不是由组织所提供和分配的,而是由人们在组织活动中所建立起来的。

4. 能力原则。所谓能力原则，是指发展个人权力的人，必须有能力实现自身对权力追求的目标。通常看来，权力关系是一种能动的社会关系，追求权力的人除有动机外还必须有能力发展出这种社会关系，即要拥有权力，一个人除了要有资源做基础外，还必须有愿望和技巧。达尔在分析谋求权力者时提出，这种人要能"至少最低限度地精通权力技能"[1]。特别是在个人间建立起权力关系，实质上是在人们中形成了控制与被控制的关系，处于被控制地位对于绝大多数人来说都意味着难以愉快地接受，于是，发展或施行权力不可避免地要受到抵制及某种程度的反抗，即使有些权力关系是以诱导、交换、说服为基础。这就要求谋求权力者必须具备判断力、影响别人的技巧、充分运用各种资源进行权力博弈的策略等。

这些理解和分析组织内个人权力的原则，能使我们较为明确地意识到组织内的人际权力与组织权力及一般的人际权力的基础与形式上的不同。在与一般的人际权力进行比较时，组织内的个人权力更强调组织背景；而在与组织权力比较时，分析组织内的个人权力更注重能动性、非正式性及其情景依赖性。对于组织内人际权力的形式，也可以概括为法定权力、奖赏权力、强制权力、专家权力、参照权力等。这里需明确，由于我们从组织与个人分立的角度分析个人权力，因此对这些个人权力形式主要是从个人运用的目的出发加以具体理解的。

四、小结

组织作为一种基于契约的控制装置意味着它是多重权力的复合体。作为合作理性的契约与个人主义的内在矛盾在组织契约中是不可消弭的，这种矛盾性在契约结构本身的不完全性中会产生出很多的问题，最突出的表现就是对剩余控制权的分享而在组织中生成了两种不同的权力系统。这里可以将两种不同的权力系统概括为：组织内的权力正系统与权力负系统。

---

[1] 〔美〕罗伯特·达尔：《现代政治分析》，王沪宁等译，上海译文出版社1983年版，第148页。

所谓组织内的权力正系统，是指由组织合法拥有，并为实现组织目标或组织利益的目的所使用的权力所形成的权力系统。所谓组织内的权力负系统，是指由参与者个人控制，并为区别于组织规范和组织目标的目的所使用的权力所形成的权力系统。这两种权力系统决定着组织内的两种不同秩序，一种是合法化的、显性的秩序，另一种是为组织所反对的、隐性的秩序，这两种秩序都是组织政治的重要组成部分。由于现有的许多理论重视对组织的正式权力系统政治过程的分析，下文中我们将更侧重于对权力负系统中所发生的政治过程的考察，并将考察重点转向组织剩余及其分享的领域。

第五章 组织剩余及其分享

作为社会的重要组成部分，组织能生产并提供产品，满足社会需要；同时，作为一种利益集合体，组织还能生产出满足参与者利益要求的结果。当然，这种结果必须全部地或部分地在组织内进行分配。组织政治过程的本质之一，就是参与者对组织利益的分享过程。在前面论述的基础上，本章重点分析组织剩余及其分享。

一、组织剩余

前文已多次运用了组织剩余的概念，这里需要进一步集中讨论。因为我们对组织剩余的理解，既有对目前流行概念的认同，特别地，还对此概念内涵进行了重要扩展。

（一）关于组织剩余的理论观点

当下的组织剩余的概念，既清晰又模糊。一方面，学术界已分别从不同的角度进行了明确地概括，因此说它是清晰的。但另一方面，由于分析角度不同，各概念之间又有着显著区别。特别是，有的概念指向具体，例如研究经济组织剩余的理论往往从经济价值上进行确定性判断，有的概念指向却非常抽象，例如一些社会学的观点往往从非常宽泛的意义上进行把握，主旨虽清楚，但提供的更多的是理解性的向度，所以它又是模糊的。尽管如此，根据分析目的的不同，各种视角又有各自的解释力。

塞尔特和马奇在一篇论文中，把组织看成是一个联合体，一个由单个的成员构成的联合体。其中一部分成员又构成更小的联合体。他们认为，在联合体中，一个基本的问题就是如何处理补贴的问题。"补贴有多种形式，货币、个人待遇、权力、组织政策等等。一个成功的联合体并没有固定的资产在成员之间分配。恰恰相反，能够用来在联合体成员进行分配的补贴的所有真正价值在于联合体的组成功能。并且补贴的真正全部用途依赖于联合体内部对补贴的分配，除此之外，再没有别的作用。"① 也可以说，如果组织不能提供补贴，即如果组织不能生产供参与者分享的补贴，组织就不可能存在下去。这是一种社会分析的关于组织剩余的观点，组织提供的利益视为"多种形式"的补贴，不全部属于经济的范畴。没有剩余，则没补贴，组织补贴即组织剩余。

在古典经济学中，马克思代表着自亚当·斯密到大卫·李嘉图以来的分析社会产品在社会各阶级间进行分配的观点，并通过其著名的剩余价值学说，产生了广泛影响。马克思认为，剩余价值是资本剥削的结果。在资本主义生产过程中，除了劳动外，其他的生产要素都不产生新的价值，社会中的新价值都是由劳动创造的。资本生产过程的总公式为②：

$$G—W—G' \quad (1)$$

其中

$$G'—G=m \quad (2)$$

公式（2）中，m 代表着资本生产过程中产生的剩余价值，并同时具有两种意义：一是在资本主义生产关系中，m 意味着一个阶级对另一个阶级的剥削，即 m 是由整个无产阶级创造的，但被整个资产阶级无偿占有。二是在单个资本的生产过程中，m 意味着单个资本家对雇佣工人创造的剩余劳动的无偿占有。从组织剩余的角度看，m 就是企业的剩余，即扣除了预先投入的货币、原材料以及支付给工人工资后的剩余（Residuals），这一剩余也称纯产品。

新古典经济学不认同古典经济学的观点，但在当下没有形成共识。主要有三种代表性观点。

---

① 〔美〕塞尔特、马奇：《组织目标的行为理论》，见竹立家等编译：《国外组织理论精选》，中央编译出版社1997年版，第89页。
② 《马克思恩格斯文集》（第5卷），人民出版社2009年版，第181页。

一种观点继承了早期的要素生产理论，即认为社会生产要求土地、资本、劳动的共同结合，因此组织的产品是由各种生产要素共同创造的。[①] 这在早期就受到了马克思的批判。马克思认为，在资本逻辑的决定之下，多种要素结合生产的过程只不过是"在观念上作为资本家的计划，在实践中作为资本家的权威，作为他人意志的权力，而和他们（工人——笔者注）相对立"[②]。这样，不能把资本主义组织化的生产过程简单地等同于各种要素的共同生产，实质上仍然是资本对劳动的剥削。但也许更重要的是，新古典经济学通过引入"均衡价格"的概念，试图解释组织剩余的生产与分配。最简单的表述是，土地获得地租、资本获得利息、工人获得工资。诸要素的所得可以统一表述为"租金"，这是组织创造的价值，因此也被称为组织剩余。

在另一种观点中，组织剩余也经常被简要地理解为，企业总收益在支付所有成员的保留收入（即满足其参与的约束条件）之后的剩余，相当于"净利润"。进而认为，企业的本质在于租金的创造与分配。[③]

还有观点认为，在一定的假设下，组织生存于不确定的环境之中，组织的合约是不完备的，组织的总收入可以肯定不是一个常量，组织的参与者不可能都因自身的投入而获得一个固定的报酬，总是有参与者分享一个不确定的报酬，组织的这一不确定的报酬相当于前一观点的"净利润"，这就是组织剩余。并认为，这种报酬可能是正的，也可能是负的。如果是负值，则意味着参与者要以其投入来承担风险了。[④]

纵观新古典经济学的各观点，在对"组织剩余"的表述上，有多种解释，但都包括：第一，它不是指组织各方所拥有的"资产"，而是组织功能的结果。第二，把组织剩余看成是组织需要分配的、扣除组织的固定支付后的余额。

---

① 〔英〕约翰·伊特维尔：《新帕尔格雷夫经济学大辞典》（第1卷），陈岱孙等译，经济科学出版社1996年，第958—961页。
② 《马克思恩格斯文集》（第5卷），人民出版社2009年版，第385页。
③ 汤瑞龙、杨其静：《专用性、专有性与企业制度》，载《经济学研究》2001年第3期。
④ 谢德仁：《企业剩余索取权》，上海三联书店、上海人民出版社2001年版，第47页。

本书在学术界目前关于组织剩余概念的基础上，根据观察的结果和分析的需要，提出一对关于组织剩余的概念——组织剩余 I 和组织剩余 II，这一对概念扩展了组织剩余的内涵与外延。

（二）组织剩余 I

所谓组织剩余 I，指的是组织的显性剩余。它与目前理论界关于组织剩余概念的核心思想相当。又鉴于理论界在此问题上的分歧，为了使讨论前提更加确定，我们立足于新制度经济学的不完全契约理论，把组织剩余 I 指称为上述新古典经济学的第三种观点，因为这种观点特别强调了对风险的承担，其含义更为全面，对现实的解释力也更强。

之所以称组织剩余 I 为组织的显性剩余，是因为新制度经济学中一直延续着科斯的思路，即认为组织是对市场的替代。这意味着，组织通过合约获得剩余控制权，并且通过合约对剩余索取权进行约定。组织的契约性质决定了组织剩余是按显性的秩序进行分配的，这里就把组织剩余 I 称为组织的显性剩余。

（三）组织剩余 II

显性剩余只是组织剩余的一部分，还存在着另外一种情形的组织剩余，本书将之称为组织剩余 II。这是一个不同于当下经济学概念的定义。本书提出这一概念，一是受塞尔特、马奇的补贴概念影响。二是接受了制度分析主义的思路。三是最根本的在于，组织政治中对组织利益的分享并非只是生产结果实现后的利益分享，利益分享还作为一种组织补贴存在于组织运行的始终，经济学上的剩余即"净利润"的观点不能对这一特征进行表达。

塞尔特、马奇认为组织没有"固定的资产在成员之间分配"，组织分配的是各种补贴，那么，这些补贴就不一定是作为单个要素或组织运行的结果，而是组织作为一个"新结合"的整体所产生的关系体系本身的结果。

组织为什么能够提供补贴是一个非常复杂的问题，它是由多种因素所促成。首先可以从制度分析主义的视角寻求答案。正如学术界公认的制度分析主义的早期代表马克思所揭示的，组织的新结合产生了新的更高的生产率。马克思认为，组织化的生产实际上就是对协作制度的运用，协作可以扩大劳动的空间范畴，可以与生产规模相比相对地在空间上缩小生产领域。这样，在劳动的作用范围扩大的同时，劳动空间范围的这种缩小，会节约生产费用。于是，"和同样数量的单干的个人工作日的总和比较起来，结合工作日可以生产更多的使用价值，因而可以减少生产一定效用所必要的劳动时间……结合工作日的特殊生产力都是社会的劳动生产力或社会劳动的生产力。这种生产力是由协作本身产生的。劳动者在有计划地同别人共同工作中，摆脱了他的个人局限，并发挥出他的种属能力"①。当然，制度分析主义在当代形成了新制度经济学，特别是其代表人物科斯集中研究了组织对市场的替代的效率，前文已有较为充分的分析，这里不再赘述。正是这些因素促进了组织的产生，即产生了生产要素的新的结合形式。按照马克思的最直接的表述，这种新的结合本身就是一种新的生产力，因此它必然能够产生"补贴"。但这只是问题的一方面。

特别需要强调的是，站在社会学的立场上，组织一经成立，就形成了权力与利益的"竞技场"，参与者各方都要利用各种情势展开利益的追逐。全面看来，组织中的每个参与者的利益都是确定与不确定的。如果说确定，可能是因为组织合约对利益的分享有形式约定。如果说不确定，则参与者一经进入，就立刻产生了诸多利益。这些利益可能是无限的，但需要被发现和争取，没有实现之前它被组织所有者留在了公共领域，游离于组织合约的规定之外，成了参与者彼此争夺的对象。

之所以把这些在组织背景下的各种关系所产生的诸种利益称为组织剩余Ⅱ，是因为：首先，这是一种剩余。这种剩余是组织关系的新产物，除非在组织背景下，否则不会产生。对没有加入组织之前的参与者来说，他们不可能有这些利益。所以，前后相比，参与者加入组织后所获得的这类"补贴"，也应该是一种"净值"，也应被称为组织的剩余。其次，这些利益是机会性的。竞争所带来的不确定性以及组织关系的复杂性使利益成为

---

① 《马克思恩格斯文集》（第5卷），人民出版社2009年版，第381—382页。

了机会利益，即没有竞争则没有利益。如果组织的参与者在组织中不进行围绕自身利益的能动性努力，这些利益不会为其得到的。组织参与者利用组织中的各种情势的水平越高，竞争能力越强，获得这种利益的机会就越大，即参与者的政治能力与策略水平决定着其所分享的组织利益的份额的大小。正因为这种剩余是靠机会得来的，所以也可被称为组织的机会剩余、隐性剩余。

至此，我们可以给组织剩余Ⅱ下一个定义。所谓组织剩余Ⅱ，是指在组织关系背景中所产生的，关于个人待遇、收入、权力、政策、信息、人际关系、心理满足等等的诸多利益，它存在于组织关系中的"公共领域"，需要在组织政治过程中被发现和获得。

（四）两种剩余形式的比较

联系起来看，组织剩余Ⅰ与组织剩余Ⅱ同属于组织的"租"效应。不过，前一种租是基于生产要素新的组合所产生的净增值，而后一种租是基于新的社会关系形成的个人间新的利益关系的结果；前一种租是被生产出来的，后一种租是组织关系自然衍生的；前一种租是组织要进行核算的，后一种租是个人进行计算的。

尽管二者存在明显区别，但实际上又是一体两面的关系。在组织关系背景中，行政关系产生了新的社会关系，而个人利益又是通过社会关系才能实现，于是这种结合着组织的个人的社会关系也必然会是个人实现其利益的"场"，组织资源通过转换，成了这种新的社会关系中的利益。组织剩余Ⅱ联系并制约着组织剩余Ⅰ。

二、剩余索取：组织剩余Ⅰ的归属

作为一个利益集合体，组织生产了利益，接下来的问题一定是如何分享这些利益。这就是组织剩余的索取权问题，即谁有权利对组织剩余分享。根据现代契约理论，组织作为一种契约的联结体，参与者所拥有的生产要素是不同的。因此，各参与者在契约中所受到的权利义务约束也是不同的。如果考虑到组织的性质的不同,对剩余索取权的理解将会更复杂。下面我们先来分别对私人的、公共的以及社会的组织剩余的形式归属,即组织剩余Ⅰ的分配,进行分析。①

(一) 私人组织剩余Ⅰ的归属

根据第一章的定义,这里把私人组织界定为私人所有权的经济组织,主要是私人企业。比较显著的,一是按科斯的观点,在组织生产的过程中,对买方来说,他拥有剩余控制权;对于卖方来说,他们将获得一个固定的报酬。如果说生产要素的卖方获得一个固定的报酬,那么说,拥有剩余控制权的一方将获得对组织剩余的索取权,他将获得一个不确定的报酬。二是按照监督劳动的观点,由于协作生产需要防止"搭便车"行为的发生,于是产生了监督劳动,产生了组织中的"委托—代理"关系。为了对代理者进行激励,在所有权与经营权相分离的情况下,管理者将获得与所有者(买方)分享剩余的机会。三是按各生产要素在生产中承担的风险不同,承担风险大者将拥有那个不确定的剩余。四是按照现代人力资源激励理论来说,由于人力资源具有特殊的性质,例如,人力资源具有个人占有的天然性、运用主体的唯一性、价值实现的自发性、使用的激励性与增值性、"产权残缺"的自贬性。这些性质决定了必须对人力资源的使用进行激励,人力资源的提供者也要参与剩余分享。综合这些观点,可以认为,私人企业中的剩余索取权是一种依存状态的权利,一切视各方是否参与分配那个不确定的报酬。

具体来说,现在假定企业的总收入为R_0,股东的收入为L,经营者的收入为H,工人的收入为G,原材料支付为Y,在不考虑其他因素的条件下,那么:

$$R_0 = L + H + G + Y \quad (1)$$

由于Y是一个常数,而R_0、L、G、H不可能同时是常数,于是,分析这

---

① 参见谢德仁:《企业剩余索取权》,上海三联书店、上海人民出版社2001年版,第45—116页。

一公式,我们可以得出一组关于企业剩余及剩余索取权的形式:

A 种情形。L、G、H 皆为变量,即:
$$R_1 = R_0 - Y = L + H + G \quad (2)$$

B 种情形。G 为常量,L、H 为变量,则:
$$R_2 = R_0 - Y - G = L + H \quad (3)$$

C 种情形。G、H 为常量,L 为变量,存在:
$$R_3 = R_0 - Y - G - H = L \quad (4)$$

D 种情形。G、L 为常量,H 为变量,就有:
$$R_4 = R_0 - Y - G - L = H \quad (5)$$

在以上几种情形中,公式(2)是股东、经营者、工人全部都参加了企业的剩余分享,企业剩余为企业新创造的价值除去外购材料价值后的余额。R_1 与 R_2、R_3 相比,剩余概念涵盖的范围是最广的。在量上,它等同于企业新创造的全部价值。这可以看成是"组织租金"。这一关于剩余的概念是现代企业"互补合作、风险共担、剩余共享"理念的充分体现。比较看来,R_1 是组织剩余理论分析的基础形式。

工人虽然可能通过企业的有关奖金、福利计划等显形式参与企业的经营结果的分配,但如果工人的报酬结构中固定工资的报酬占主体地位,就可以将 G 看成一个常量。在这种情形下,就有了关于公式(3)中的企业剩余的观念,即股东与经营者共享企业剩余,亦即 R_2。它的意蕴是,资方为劳动方提供风险担保,在劳方往往获得了一份固定的报酬的情形下,资方拥有企业剩余。但是在现代企业制度下,股东不参与企业经营,而经营者的劳动又难以监督。如此一来,让经营者参与企业的剩余分享是激励经营者的重要手段之一。目的是把企业的剩余索取权在股东与经营者之间进行安排,既给股东以最大的激励去提供资本和选择监督经营者,又给经营者以最大的激励去管理好企业,使二者良好合作,共同创造出最大的企业剩余。这是企业剩余形式归属的最典型状态,同时也是现代企业中剩余分享的普遍做法。

美国《福布斯》杂志 2000 年曾统计了 1999 年全美 800 家最有权力和报酬最高的公司首席执行官的收入,包括薪水、奖金和股票收益,并进行排行。这 800 人的年收入比上年度增加 12.8%,达到 580 亿美元,这还不包括他们持有但未行使的认股权的价值。这一杂志指出,进入上一年收入排行榜的各大公司老板,薪水和奖金只占他们总收入的23%,其他大多数收入都来自股市收益,这主要是认股权的行使收益以及持有股票的增值。在欧洲和日本,企业经营者的报酬要大大低于美国,但认股计划的实施也在推行中。与认股计划相类似的,在企业经营者的长期激励计划中还有虚拟股票计划等。所谓虚拟股票计划,是指公司薪酬委员会给予经理层人员以一定数量的虚拟股票,经理层人员没有对这些股票的真正所有权,但可以享受真正普通股票升值所带来的收益以及年度分红的权利。企业的股票价值所反映的是企业预期的未来剩余折现总额。企业经营者行使认股权的收益之本质,是行权时企业的剩余超过认股权授予的剩余的一部分,这在直接给予企业经营者虚拟股票计划的情形下表现得更加明显。因此,认股权实质上就是以长期绩效为基础的企业剩余分享的形式。①

现代企业发展的早期,甚至在当今的许多小规模的企业中,关于企业剩余索取权的安排则可能接近于公式(4),即企业的所有权与经营权是一致的,企业的剩余控制权与剩余索取权一致地为企业所有者所拥有。企业的经营者也只领取一个固定的报酬,很少能参与企业的剩余的分享。这一企业剩余观念其实也正是现行会计实务所奉行的,即所有者的 R_3 为企业利润表上最末行的数字——净利润。仅从企业剩余索取权安排的角度看,这时的经营者与工人无异,都是领取固定报酬者。

公式(5)所揭示的企业剩余的概念适用于实行承包制经营方式的企业。经营者与企业的所有者间签订了一个上交固定报酬的契约,企业的经营收入即剩余,扣除上交的固定租金及其他固定成本后,所有的剩余全归经营者所有,即 R_4 模型。当然,经营者也被要求承担所有的经营风险。在中国,20世纪八九十年代的企业改制中的承包责任制是这种剩余分配形式推行的高峰期。虽然在初期收到了一定效果,但是后来的情况表明,这种改制难以持久。一是因为经营承包者所拥有的人力资本与其自身不可分离的产权特征决定了他不可能承担企业经营风险,从而负盈不负亏是必然结果。二是通过买方(资方)所形成的企业资产的专用性更强,资方不可能

---

① 参见谢德仁:《企业剩余索取权》,上海三联书店、上海人民出版社2001年版,第52页。

以自己的资产为抵押，却使承包方承担所有的经营风险。三是正因为经营方最终难以承担风险，所以他是风险偏好者，经营者又掌握了企业的剩余控制权，例如，他可以操纵会计的经营报表，使企业明盈暗亏，把承包期的风险推迟到以后显现。最终，企业所有者所获得的固定报酬可能相当一部分是他的资本回收值，而非资本报酬。

在以上四种企业的形式上的剩余计算中，企业剩余在量上是不同的，即存在 $R_1>R_2>R_3>R_4$。关于企业的剩余索取权问题，谢德仁的分析更为详细，由于本书对企业剩余索取权的讨论与界定略去了企业实际运行中的其他方面要素的主体，因此是参考其观点的简化了的结论。

（二）公共组织剩余 I 的归属

我们这里所指称的公共组织，是国家为管理公共事务和协调公共利益，通过法律授权所建立的组织。尽管由于公私关系的复杂性决定了公共组织与私人组织之间存在过渡形式，但公共性决定了它与私人组织之间的区别在主要方面是泾渭分明的。由于经济类公共企业其经济核算的性质与其他市场化的企业大体相似，可以按上述的私人企业的理论模型来进行分析，那么这里讨论的公共组织就在范围上明显缩小了。对公共组织来说，具有以下组织特征：

1. 一般来说，完全产权意义上的公共组织的背后，是作为主权者的抽象的国家为其所有者，其信用由国家来保证。

2. 公共组织的政治权威明显高于经济权威。所谓经济权威是指组织的所有者和管理人员对组织的收益和财产的控制权大。而政治权威是由政治体制的构成要素——如政治公民和政府制度等——所赋予的，公民与政府等政治要素对组织的控制权大。[①]

3. 公共组织也有属于民事或经济性质的活动，并因与其他组织或个人可以签署合约取得人力资源或物力资源。对于非经济类组织，它的预算在

---

① 〔美〕海尔·G. 瑞尼：《理解和管理公共组织》，王孙禺等译，清华大学出版社2002年版，第72页。

某一个财政年度内往往是一个固定的额度，主要来自于政府拨款。

4. 公共组织运行的结果是产出公共服务，它难以进行成本收益计算，也难以通过自身的核算取得组织收益。

5. 公共组织的参与者也可以获得收益。这些收益除一部分以薪酬及福利的形式表现外，更多的是政治性的奖励，如声望、晋升、地位等，诸如此类的结果，难以像经济类组织那样可以换算成具体的货币数字。

根据公共组织的这些特点，以及前述对组织剩余的定义，假定公共组织的预算额为 B，综合效益为 R，一般则有：

$$R>B \quad (1)$$

这时，公共组织的形式上的剩余则是：

$$R_0 = R - B \quad (2)$$

可以肯定，由于这些结果所具的政治属性，R_0 不可能归于任何私人性的个人或组织，它只能是全部归国家或政府所有。假定主权者的收益为 H，则有：

$$R_0 = R - B - H \quad (3)$$

由于这里分析的是组织的形式上的剩余，得出一切剩余归国家的结论，并不是要为政府的政治活动提供直接的意识形态上的支持，只是基于法理进行的分析。

（三） 社会组织剩余 I 的归属

社会组织是在公共组织与私人组织间的宽阔地带存在着的一种现代社会结构下的组织形态，它们形态迥异，功能多样，性质繁杂，但越来越成为人们日常生中的重要组成部分。目前，基于不同的研究旨趣、理论关怀，中国学界普遍开始从不同学科、不同视角对社会组织进行了研究。这些研究普遍蕴含是"公民社会"理论，在总体上有三个主要理论趋势：一是通常采用政府、社会、个人三分法的社会结构理论。二是主要从社会自组织的角度探讨现代社会结构发展变化的趋势。三是站在传统与现代分立的立场上，归纳"公民社会"的现代政治功能。这就把社会组织描绘成了一个具有理想色彩的公共的、开放的、良性自治的现代公民标本。当下的理论界对社会组织有很多称谓：非营利组织、非政府组织、第三部门，等等。

社会中间层也绝非铁板一块，社会组织的类型很多。例如，在政府与企业或个人的关系中间，有的更多的是介于政府与企业间的中介组织——各种行业协会、企业管理协会、研究会等，有的更多地介于国家或企业与个人之间的社团组织——工会、消费者协会、联谊会等。在官方与民间的谱系上，就存在着官办社团、半官办社团与民间社团。在功能类别上更是五花八门，有的在很大程度上承担着政府的公共管理职能，有的是十分松散的情感维护性的纯粹民间团体，有的是利益诉求强烈的社团组织。正因为如此，我们分析社会组织时也只能采用一种简单化的定位方式：一是选择有代表性的社会组织作为研究对象；二是目前学术界讨论社会组织的理论只是本书研究的背景；三是只研究其中的行政组织的问题。

本书研究的社会组织的类型应同时具有自治的、民办的、非营利性的、利益维护型的以及俱乐部制的这五种性质。在现实社会组织中，那些具有非常明显准政府性质的社会组织，我们简单地把它们归于公共组织的类别中，而对那些具有很明显的经济核算性质的社会组织，同样地将之归于企业类型的组织中。另外，我们并不注重社会组织的社会政治功能，只是更多地站在功利的立场上把重点投放到组织内部的政治过程。

对于我们选择的具有如此明显特点的社会组织，如果假定组织的预算为 B，组织的综合收益为 R，机构成员的收益为 G，则有：

$$R > B + G \quad (1)$$

在公式（1）中，B、G 是一个常量，则社会组织的显性剩余为：

$$R_0 = R - B - G \quad (2)$$

在公式（2）中，按照组织的显性剩余的定义，R_0 等于总收益对 B、G 的扣除，即社会组织的显性剩余与机构成员无关。

社会组织的显性剩余的归属不同于私人企业，但同公共组织相似。在有俱乐部性质的社会组织中，社会组织代表的是全体成员，它只能是把组织剩余形式上归全体成员所有，即属于某个俱乐部的全体成员所有。对于社会组织中的行政管理机构来说，它除了领取固定报酬，不参与组织显性剩余的分配。

三、组织剩余Ⅱ的生产

根据定义可知,组织剩余Ⅱ的生产绝不等同于组织剩余Ⅰ的生产。

(一) 关于组织剩余Ⅱ生产的理论假设

理论只是对现实的抽象,它需要一组相应的概念并以此构建自身的逻辑。为了较为系统地解释组织剩余Ⅱ的生产逻辑,需要一些基本的理论假设。以下理论假设,在分析契约组织的本质时已有论述,这里只需进行简要梳理。

1. 参与者的价值最大化。最大化的含义是:不论何时,个人觉察到某种行动能增加他们的权利的价值,他们就会采取这种行动。不论个人是在市场、企业、家族、部落、政府还是在其他组织中活动,这个道理总是普遍适用的。[①] 当把组织作为一个分析单位时,产出最大化假定是恰当的,但当寻求组织内个人行为的解释时,效用最大化标准比产出最大化标准更显得有一般性和说服力。

2. 人力资源价值实现的自发性。人力资源与物力资源不同,人力资源具有个人占有的天然性,这一特征决定了如何运用人力资源中蕴含的知识和技能,发挥出多少和多高质量的效用的权利,仍然掌握在个人手中,即人力资源的运用权是不会转移的。所以,人力资源是巴泽尔所说的"主动财产",它会自发地实现自身价值。即使组织名义上拥有完整的人力资源的使用权与控制权,也只是与参与者签订了一个不完全契约,它必须通过参与者个人来实现。把人力资源的这一特征与上述个人最大化效应相结合,就可以对组织中的人的行为模式有一个了然的理解。

3. 参与者的机会主义倾向。所谓参与者的机会主义倾向,是指参与

---

① 〔美〕Y. 巴泽尔:《产权的经济分析》,费方域、段毅才译,上海三联书店、上海人民出版社2003年版,第9页。

者借助欺诈等不正当手段谋取自身利益的行为倾向。这里虽使用了负面评价的修辞，但在本意上是将"机会主义"作为一个中性的词语来运用的。作为独立的利益主体，为了最大化的个人利益，参与者有可能采取策略性的手段。这一假设是以人的效用函数的不一致性及人的行为的外部性为前提的。如果参与者的效用函数一致，就不可能产生利益的竞争，也不可能有机会主义行为。因为这在团体中可以产生相容激励，你快乐我也快乐，你痛苦我也痛苦，你得利我也得利，你受损我也受损，且程度是一样的。再看行为的外部性，如果参与者的行为不存在外部性，每个人为自己的行为承担全部后果的话，则机会主义也就无从得逞了。人的机会主义行为可分为事前机会主义和事后机会主义。事前机会主义行为是指交易各方在签约时利用签约之前的信息不对称而采取的机会主义行为，如投保人事前隐瞒真实信息，从而造成"逆向选择"的后果。而事后机会主义则是指交易各方在签约之后利用信息的不对称而采取的机会主义行为，如保险合同签订后投保人降低责任心的行为。这种事后机会主义行为通常被称为"败德行为"或"道德风险"。在组织生产中，个人的机会主义倾向往往表现为"搭便车"，偷懒虽造成了组织"剩余损失"，但在报酬固定时，自己的收益并不减少。即使不领取固定报酬，"剩余损失"也是团队共同承担，从自身的成本—收益法则来看也是最大化的。

4. 组织中权力负系统的运行。从社会关系的多维性出发，权力关系的非对称至少存在于双方互动的公平交易之中，其中一个参与者对另一个参与者行为的控制是与另一参与者的控制行为互换的。在双方的互动过程中，参与者不断更换掌权者角色和权力对象角色，参与者之间通过讨价还价过程对各自的领域进行划分。因此，在组织的表面的完整权力之下，还存在着一个巨大的分散权力系统，这一系统与组织的完整权力的一部分进行相互抵消，当遇到影响双方目标和利益的问题时，则通过讨价还价和联合决策的程序来处理。这些分散权力就组成了完整权力之外的"负系统"。在本书的分析中，如果不是特别地有所指，讨论的主要范畴只限于此。

以上四个假设共同构划了组织的政治场域。理解了这些方面，使我们有条件对组织剩余Ⅱ的产生进行更为深入的分析。

(二) 组织剩余Ⅱ产生的机制

组织剩余Ⅱ的产生，散布于组织过程的各个环节，存在于组织关系的各个方面。因此，对组织剩余Ⅱ产生问题的分析，不能遵循一个首尾一致的关于一般生产的逻辑过程，而是要从多种形式及分离的机制入手。

1. 组织悖论。关于组织悖论，是指组织化是为了节约市场交易成本，但组织化又产生了组织内的新的交易成本。关于这一悖论，当前理论界的研究还很不充分，但这是一个不能忽视的问题。按科斯的观点，组织对市场的替代节约了市场交易的成本，买方与卖方签订的不完全契约使买方获得了对组织各要素的剩余行政控制权。从形式上看，这一行政控制权是完整的。同时，组织理性化的日益发展也使行政控制权愈加精细化。但行政控制权的实施需要一定条件，不具备这些条件，实质意义上的完整的行政控制权就不可能实现。现实问题是，组织代替市场的过程中，组织自身又产生了新的问题，交易成本由市场转移到了组织，从而破坏了组织所有者对完整所有权的行使。

简要地说，组织完整的行政控制必须同时具备信息完全与要素价值的自动实现这两个基本条件。首先是信息完全。信息是管理与决策的基本条件，因此也是行政控制的先决条件。组织信息往往蕴藏在组织关系中，只有掌握了完全信息，才能掌握组织关系的方方面面。但组织的关系系统非常复杂，若想弄清所有相关信息，对于任何人来说几乎都是不可能的。不能掌握完全的组织关系信息，就不可能把行政控制关系完整地建立起来。总有一些组织关系并不能纳入行政控制的范围之内，而这些关系也就获得了"自由"发展的余地。

如果说在这些"自由余地"中，组织要素价值是自动实现的，也不会给组织管理造成难以克服的困扰。然而，人力资源运用具有不可转移性，这一特性决定了人力资源是自我实现而不是自动实现的。组织参与者作为自利的最大化者，存在着机会主义动机，往往会进行成本—收益计算，从而付出自身的贡献。这样，作为买方来说，它虽然获得了名义上的行政控制权，但他又必须监督劳动过程，使每个人力资本拥有者按社会的合理的生产率进行工作。监督是有成本的，当监督的边际收入与边际成本平衡时，组织的所有者也就失去了加强监督的动力。这时，尽管组织所有者拥有人力资源的明确的产权，但这种产权是不完整的。巴泽尔分析奴隶制以说明产权的不完整问题。他认为，对于人力资源所有权的完整性来说，几乎没有哪种劳动制度比强制奴隶制更严格了。"粗看起来，那些被强制为奴的人被剥夺了一切权利。但实际上，奴隶主对他们并不享有绝对的所有权。奴隶主必须花费资源，才能监督奴隶劳动，维持奴隶的消费，防止奴隶逃跑。随着这笔开支越来越大，需要尽量节约，奴隶主就必须给奴隶一些自主权。这样，奴隶主有时就只监督奴隶的产品，而不再监督奴隶的劳动过程。要节约支出，奴隶主就只好允许奴隶有权得到一部分产品或一部分自由支配的时间。因此，尽管从法律上说，奴隶本身仍然是其主人的财产，但毕竟能为自己积蓄一些财产，有幸积累到一定程度者，偶尔也能为自己赎身。"[1] 用巴泽尔的话来说："人们可界定产权，可以按照对自己最有利的原则把产权界定到什么程度。在此意义上说，产权总能得到最好的界定。然而由于商品属性很复杂，测定每种属性都要付出成本，彻底界定产权的代价就会过于高昂，因此产权从来不可能得到充分的界定。"[2] 这是巴泽尔对当代产权理论的进一步发展，但他又认为："为不使'蛋糕'大大缩小，人们还会想方设法，建立组织，更准确地界定产权，以便'分而啖之'。"[3] 他所表达的意思是，组织是解决产权模糊的最佳选择。不过，他忘记了，强制奴隶制尚且如此，在自由的组织里怎么会出现另一种情形呢？

由此可见，组织内的信息成本与工作监督成本构成了组织运行中的新成本，它一部分是市场交易成本在组织内的重新显现，另一部分是新社会关系构建中新产生的成本形式。这些成本决定了组织所有者行使行政控制权的限度——必然是在现有的成本与收益之间达成新的平衡。组织悖论是

---

[1] 〔美〕Y. 巴泽尔：《产权的经济分析》，费方域、段毅才译，上海三联书店、上海人民出版社 2003 年版，第 115—116 页。

[2] 〔美〕Y. 巴泽尔：《产权的经济分析》，费方域、段毅才译，上海三联书店、上海人民出版社 2003 年版，第 159 页。

[3] 〔美〕Y. 巴泽尔：《产权的经济分析》，费方域、段毅才译，上海三联书店、上海人民出版社 2003 年版，第 165 页。

理解所有的组织剩余Ⅱ产生的根本所在。组织所有者尽管不愿接受这一现实，但也无能为力，信息不完全以及要素价值自我实现使得组织所有者的完整的行政控制权的一部分留在了公共领域，这就是组织剩余Ⅱ产生的经济学原因。

2. 缓解代理人的道德风险。由于组织悖论的存在，参与者的自利与偷懒行为是无处不在的。解决这一问题的办法是，如果监督收益能增加明显，所有者就加强监督，最大限度地使权利完整界定。相反，则只好仍将一部分的人力资源的产权放置在公共领域，任其浪费。但即便是可以加强监督，也不能是完全由所有者个人来实施，个人的能力满足不了规模组织的需要，这时就有委托代理人进行监督的问题。而由此产生的委托—代理关系很可能出现"道德风险"，即代理人并没有充分履职的动机。通常就需要相容激励的方法，纠正代理人行为的负外部性——代理人的偷懒将增加组织的"剩余损失"。原本委托与代理的双方利益是有分歧的，现在保证代理人将从组织剩余Ⅰ中得到补偿，这样就使代理人与委托人的效用函数趋于一致，这就是所谓的激励相容。詹森等人认为，即使没有明显的委托—代理关系，只要是涉及两个或更多的人的合作努力的场合，就会引起代理费用——相容激励的分配部分就是代理费用的一部分。

代理人的"道德风险"模型表明，虽然组织剩余Ⅱ相对组织剩余Ⅰ的区别很明显，但二者可以相互转化，甚至有的情况下可以相互包含。前文曾把经理与工人拥有剩余索取权看成是企业剩余Ⅰ分享的形式，但如果按本书关于剩余Ⅱ的定义，则也可以看成是对剩余Ⅱ产生结果的官方认可，从而获得的合法身份。这是因为，如果不存在所谓的委托—代理关系的"道德风险"，就不会有对组织剩余的分享，这与组织政治的背景分不开，并非一个纯粹的经济学问题。

3. 权力及其运用。由于组织所有者把一部分权利不得不弃置于组织中的"公共领域"，我们将此看成公共财产。这些公共财产相对于组织所有者来说没有意义，但对组织中的参与各方来说，却具有重要价值。参与者就有了对这部分财产的产权进行自发界定的动机和需要，这就要看未能被充分界定的组织关系中谁更有权力了。

在现实的未定的组织关系中，并不存在一个宪法系统对由此产生的价值归属或公共领域中的产权关系进行界定和判决。谁拥有并能很好地运用权力，谁就能得到这些组织未定的利益。从这些关系出发，人们便可以发现一种与显性组织结构平行的权力负结构，从而可以使与该平行权力结构直接关联的第二种组织机构显示出来，这个组织机构对组织的实际运行和对组织中个体和群体的行为来说，同样也是具有重要的并起约束作用的。有学者指出，组织中的所有人的决策指向和形成，最终是相对于这第二种组织机构而言的。① 全面看来，这一结论似乎有些绝对，它轻视了"第一种组织机构"的作用。但大量的研究确实在研究组织权力负系统中发现，它是强大的，几乎是不可消除的。组织的正式权力掌握在各层级的管理者手中，但组织中的每个参与者都同时与不同的资源结合着，或者是归个人所拥有，或者是由职位岗位而得。有分散的资源就会有分散的权力。如果说参与者的机会主义的收益成本比大于其充分劳动条件下的收益成本比，特别是在收益的概念特别宽泛的情况下，这种剩余几乎是无处不在，而且可能是十分可观的，参与者就有了追求权力的强烈动机。

前文提到，支配组织中个人权力的原则有四种，动机原则、结构原则、资源原则、能力原则。而所有这些，如果结合组织背景来说，都必须与不确定性相联系。这个不确定性领域必须能够使那些追求实现其自身利益的相对方对他们自身能力感到不安，而当一个人感到了不安，他才会努力在正式的组织关系之外，寻求其他的权力关系，从而关于影响与服从的关系才能形成，即组织中的负权力才开始形成，并在一定的范围内结合进正式的权力体系中。如果任何人不能改变任何人的行为，任何人与任何人都无关，那么权力关系就确实没有意义了。可以说，权力是组织剩余Ⅱ生产的基本工具。有了负权力才能使组织剩余Ⅱ现实地产生出来，没有负权力及其运用，则没有组织剩余的第二种情形。负权力把组织引向了政治场。

4. 社会交换。不能因承认及重视组织中权力负系统的作用而给人产生一种错觉，即在组织中的权力负系统中存在的是零和博弈的游戏。组织理论关于"游戏"的概念解释了一个社会交换的框架。参与者在其中既有冲

---

① 李友梅：《组织社会学及其决策分析》，上海大学出版社2001年版，第161—162页。

突与竞争,也有合作与协调,这种情况有时存于权力双方,有时是游戏各方的共识。克罗齐埃发现,一个组织体中,有四个因素影响着人们的行为:一是不同群体注定要生活在一起;二是群体的特权在很大程度上依靠其他群体特权的存在而存在;三是所有群体都承认一种最低限度的效率是必不可少的;最后是群体间的关系是稳定的。克罗齐埃认为,这些因素强行确立起了一种最低限度协调、参与和承诺,并由此使得一方绝对不能过分利用其与周围的关系,并从中谋求过大的利益。[1]

这里也认同克罗齐埃的观点,但也可以从另外视角进一步解读。所谓的权力负系统中最低限度的合作与协调,是两种情形的反映:

一是所有参与者的共谋。所有的参与者与组织的所有者之间都存在不同程度的代理关系,因此在组织中存在着普遍的"道德风险",而道德风险的最佳藏身地是在信息不能完全传递的各种组织关系中。组织各方只有在权力竞争中保持一定程度的合作,才能保证对所有者的信息封锁。从历史的逻辑看,这种情形最终沉淀为一种"共谋"的组织文化。

二是权力关系各方的相容激励。前述认为,权力关系只有结合社会交换关系才能存在。一方在一种权力关系中处于有权的地位,而在其他社会关系中,他也可能处于被影响的地位。只有通过影响与服从关系的不断变换,才有可能维持一个权力系统的稳定与平衡。否则,这个权力体的维护将成本高昂而最终要走向解体。更为主要的,也可以认为,这种有限度的协调其实是权力关系双方的一种相容激励。尽管权力关系是存在于社会交换关系中,但这种交换不是充分的。有的人或群体在组织中明显处于有权者的地位,而另外的人或群体经常处于无权者的地位,权力关系的等级化在组织中是客观存在的。若无权者经常在各种利益关系的博弈中成为受害者,他们就会产生不公平感以及被剥夺感,甚至会产生仇恨的情绪。这时也需要以权力关系为背景的社会交换:无权者表示尊敬和顺从,权势者表示大度和慷慨,双方共同维护组织剩余Ⅱ的生产体系。

所以,我们既可以将这两种情形看成组织剩余Ⅱ产生的组织文化机

---

[1] 〔法〕米歇尔·克罗齐埃:《科层现象》,刘汉权译,上海人民出版社2002年版,第203页。

制，也可以看成是组织剩余Ⅱ产生的两种形式。不过，对于第二种情形来说，表面上不是组织剩余Ⅱ的生产，反而是减少了组织剩余Ⅱ，但事实上，各方的交换关系有利于产生更多的机会剩余。

以上四个方面揭示了组织剩余Ⅱ的产生机制。其中，组织悖论是根本性的，消除代理人的道德风险是组织所有者尝试的对问题的解决之道。而当组织中存在组织剩余Ⅱ产生的基本前提时，权力运用就普遍化。但权力运用也是有限度的，合作的出现并不能被认为是减少了组织剩余Ⅱ，反而是产生组织剩余Ⅱ的有效机制之一。

四、组织剩余Ⅱ的索取：谁得到了什么

对组织剩余Ⅱ的分享，是一个模糊的政治现象，它是机会依存的，并且内容抽象，形式繁杂，很难进行精准的量化测定，往往只能进行总体上的把握。

(一) 组织剩余Ⅱ的形式

在展开论述"谁得到了什么"这一问题前，先讨论一下组织剩余Ⅱ的具体形式。前文已表明，组织剩余Ⅱ相较于组织剩余Ⅰ在内涵上非常抽象，用塞尔特的话来说是各种"补贴"。这就需要对所谓的"补贴"做更进一步的解释。本书将人的自身利益的满足看成是这些补贴的内容，因此要对"自身利益"进行解释。

前述人的机会主义最大化的命题，是新古典经济学关于"经济人"假设核心内容之一，即人是自利的或自我满足的最大化者。其实，关于人们出于私利而行动的判断自古就有。达尔在考察这一问题时发现，古希腊时的忒拉叙马科假设，人们出于私利而蓄意谋求权力，这一观念常常为人所重复。例如，霍布斯认为，人被情欲所推动，被理性所指导。人的欲望是贪得无厌的，但理性却要人谨慎。但也正如柏拉图所看到的那样，这个假设的一个困难是，看上去不言而喻的"自身利益"的概念实际上十分复杂。个人如何看待自身的东西有赖于一个人的认同，而认同是大不一样

的。个人如何看待其自身,似乎不完全是本能的反应,而是社会知识和个人发展的问题,即一个人视为自身利益的东西,是学问、经历、传统和文化的结果。达尔引述一位心理学家的话,表明了在这一认识上存在的困惑:自身包括一切与个人生活有关的珍贵的东西和人身,因此自私一词就失去了它原来的含义,人是自私的这一命题就成为一个循环论证——人们关心人们关心的事物。① 也许多个学科也不定能给出关于"自利"的一致见解。

理论的抽象本身是存在缺陷的,它会经常忽视一些因素的存在,从而推演出某种较为纯粹的理论模型。理论模型的作用在于帮助我们思考,而不是代替我们思考。从本书研究目的出发,认为每个人都是在特定的文化结构中根据自己的价值判断来追求利益的最大化。对于这种最大化的利益,尽管由于加进去了文化价值因素而显得捉摸不定,但可在此基础上,套用奥塔·锡克的方法加以界定:成为利益的,通常只是引起人的最强烈的情绪和感情的需要的满足,或需要的满足是不充分的,并因此唤起他的持久的注意和他对充分满足这种需求的追求。② 这样,如果人的需要是确定的,那么自身的利益形式也是可以确定的。

现代心理学已对人的需要进行模型化并被普遍接受,马斯洛的"需求论"奠定了这一理论的基础。马斯洛认为,人的需要可以分为五个层次:即生理需要、安全需要、爱的需要、尊重的需要、自我实现的需要。笼统看来,人的行为动机总体上都可分别以此为谱系进行甄别。那么,对于人的这五个方面需要的满足或对此类满足的追求就构成了个人利益。它还可进一步表现为多种形式,诸如金钱、个人待遇、权力、人际关系、心理满足等等。这就是本书对人的自身利益表现形式的解读,从而也对作为"补贴"的自利的内涵进行了明确。

---

① 〔美〕罗伯特·达尔:《现代政治分析》,王沪宁等译,上海译文出版社1987年版,第146—147页。
② 〔捷〕奥塔·锡克:《经济—利益—政治》,王福民译,中国社会科学出版社1984年版,第263页。

（二）参与者共享的组织剩余 II

需要明确，依据组织形成的社会机制，本书将组织中的角色分成两大类，一类是所有者，另一类是参与者。对于所有者来说，组织剩余 II 是由于他无力界定其在组织关系中的权利而产生，即由于他把一部分权利留在了组织的"公共领域"，所以，所有者不参与组织剩余 II 的生产和分配，组织剩余 II 只在参与者之间分享。

就参与者来说，由于组织类型的不同，会有各种角色的参与者：有的是作为管理者、有的是作为技术专家、有的是作为基层的员工，等等。但"正像我们指出的那样，组织的任何一个人，即使是最卑微的，都以某种方式在一定量上拥有对一些人的最起码的权力，这些人的成功有时至少部分地取决于他的决定和热情"[①]。因此，组织内的剩余 II 分享应该是普遍的。

可以任意挑选一个组织进行分析，比如政府机构。政府机构是最为典型的公共组织，从其社会合法性上看，它必须通过公共政策的制定和执行产出社会公共利益，因而所有的剩余 I 是归公众的。但它却一直源源不断产生着剩余 II。从人们对公共组织——政府的诸多批评中可以总结出几种作为整体消极形象的剩余分享的形式：

1. 政策补贴。政府的公共政策必须要对公共议题做出反应，即要维护和发展公众利益。但政府作为国家的代理机构，政府官员作为代理机构的掌权者，很有可能利用其权力，操纵信息，直接或间接地获得政策补贴。关于隐蔽议程问题的研究，揭示了政府作为某一偏私利益的代理者所获得的政策补贴的情形。该理论认为，在政策制定活动中，由于受到偏私利益集团的操纵，政府有意对公共问题不反应，公共议题因此被排除在政策议程之外，公共政策更多地表现出对特权者的补贴。这一研究产生了有重要影响的观点：

---

① 〔法〕米歇尔·克罗齐埃：《科层现象》，刘汉权译，上海人民出版社2002年版，第198页。

（1）议程的构建是决策的重要先兆，而议程分为公共议程和隐蔽议程；

（2）权力流失在政府之外，或者流失在政府周围；

（3）为了减少资源或者政治威望的重新配置，强大的私人利益左右或阻碍重大政策；

（4）公共当局设法忽视一个问题，或者有人成功地阻碍了公共当局提出一个问题；

（5）这是那些与公共政策过程有关的人的共有行为，表现为密谋与操纵；

（6）"制度"的封闭性为隐蔽议程提供了体制基础；

（7）"隐蔽议程"受到了社会和政府主要领导人的控制。①

操纵政策，可为自己所代表的或能够与之交换的利益集团争得特别利益，这不是公务人员的恰当行为，但现实中却经常发生着。

全面看来，我们不能将这一补贴只看成是对有权制定政策的人的补贴，还应包括执行政策者所获得的补贴。许多研究"街头官僚"的成果在这方面总结出了大量有价值的结论。执行政策的人拥有很大的选择余地，通过选择性地执行政策，也可获得可观的个人利益。

2. 贪污补贴。如果说上述补贴形式的不正当性较为隐蔽的话，贪污腐败却是最直接的以权谋私行为。按照"透明国际"对腐败程度的划分，得分在2.5到5.0之间属于腐败比较严重的经济体。中国按GDP总量指标衡量，目前已是全球第二大经济体。然而，它的清廉程度跟其经济发展速度，反差非常大。有资料显示，进入21世纪中国在"透明国际"中的清廉指数得分一直徘徊在3.5到3.2之间。国际非政府组织"透明国际"公布的2010全球腐败程度排名榜上，中国在最新的排名中位列第78位，属较腐败阶段。② 最近出台的一份研究报告引用中国社科院的调研资料披露：从20世纪90年代中期以来，外逃党政干部，公安、司法干部和国家事业

---

① 〔美〕拉雷·N. 格斯顿：《公共政策的制定——程序和原理》，朱子文译，重庆出版社2001年版，第70—75页。

② 《透明国际：中国仍是腐败较严重国家》，2010年10月28日，北青网（http//bjyouth.ynet.com/articale.jsp?oid=70678673）。

单位、国有企业高层管理人员，以及驻外中资机构外逃、失踪人员数目高达 16000 人至 18000 人，携带款项达 8000 亿元人民币。官员向境外转移资产的方式有 8 种：用现金走私来转移；通过地下钱庄非法买卖外汇、跨境汇兑；利用经常项目下的交易形式向境外转移资产；利用投资形式向境外转移资产；利用信用卡工具向境外转移资产；利用离岸金融中心向境外转移资产；海外直接收受；通过在境外的特定关系人转移资金。① 当然，贪官外逃现象只是反映公务人员贪污的一个典型例子。贪官外逃的汹涌浪潮表明，体制化的贪腐已经使其附着于其上的体制也容纳不下了。

3. 职务消费补贴。除了直接的化公为私，政府官员还可以通过加大职务消费，最大可能地创造补贴。最能反映这一状况的是中国政府每年的"三公消费"。有学者估算出近年公车消费、公款吃喝和公费出国三者相加为 9000 亿元。2004 年，中国至少有公车 400 万辆，公车消费财政资源 4085 亿元，大约占全国财政收入的 13% 以上。与公车消费相联系，据各种资料显示，全国一年的公款吃喝在 2000 亿元以上，二者相加总数高达 6000 亿元以上。据 2000 年《中国统计年鉴》显示，1999 年的国家财政支出中，仅官员公费出国一项消耗的财政费用就达 3000 亿元，2000 年以后，出国学习、培训、考察之风愈演愈烈。如果年财政收入按 3 万亿元计算，9000 亿元几乎相当于年财政收入的 30% 还多。

4. 职位升迁补贴。政府官员不仅在政策上、金钱上、消费上寻找各种补贴，还要在职务上获得补贴。在当下中国干部考核机制的影响下，制造政绩是官员升迁的捷径之一。国家最高领导人曾批评一些党员、干部在发展观念上存在重"显绩"轻"潜绩"、重当前轻长远、见物不见人，甚至制造虚假政绩等问题。② 种种现象纯粹是官员从自己能否获得升迁的角度出发，追逐个人名利，沽名钓誉，用"短平快""假好看"的"政绩"去糊弄上级，骗取更大的"乌纱帽"。以造假闻名的安徽原副省长王怀忠就一语道破了天机：只要你能搞出政绩，就算你能，你就能上。但关键是要

---

① 《央行揭贪官外逃路径：过万官员出逃 携款 8000 亿》，2011 年 6 月 15 日，新华网（http//news. xinhuanet. com/fortune/2011-06/15/c_ 121536800. htm）。
② 胡锦涛：《努力把贯彻落实科学发展观提高到新水平》，载《求是》2009 年第 1 期。

让领导看到政绩。为了出"政绩",官员们甚至打起了歪主意:或者把"政绩"做在报表上,不惜弄虚作假,搞起了虚报浮夸,玩"数字泡沫"、"经济泡沫";或者搞"暗箱操作",权钱交易,徇私舞弊,给国家和群众的财产造成巨大损失。

以上现象产生的根源就在于,主权者对其代理人控制的政治成本太高,而将一部分本应属于主权者的产权留在了政府组织内,使得公务员获得了大量权力寻租机会。

尽管这里的分析是以政府组织为例,但是政府机构的这些负面外观,在其他性质的组织中也同样以各种面目存在着。不过,对于其他组织,由于没有"公共利益"的道德边界,评价其各种形式的剩余补贴,更多是从道德中性立场出发,依据的是社会价值及一般法律框架。

如果深入政府组织内部细致地观察机会剩余的分享,则会发现其他剩余分享的形式在政府组织内也是普遍存在的。对于分享者来说,这些形式将同时满足多种需要,因而是"自身利益"综合体。

1. 规则补贴。政府组织也和其他组织一样,制定内部的管理规则,也会产生机会剩余,即附加了许多与组织不相一致的利益。

一是如同上述的公共政策制定那样,往往是政府为满足自身利益最大化,通过施加各种影响,为自己量身定做各种规则——对自身的约束减至最少,保证自身获益增至最大。比如,人们经常议论的晋升与待遇等规则的制定,从事具体规则制定的人会通过各种方式使自己享受到规则改变所带来的"红利",有时几乎到了荒唐的地步。

二是人们还可以通过规则进行卸责,减少人际关系的压力。有人分析了组织规则作用的另一面,"这是人们回避面对面关系的一种手段,是回避人们难以承受其专制色彩的个人从属关系的一种手段"①。组织是人际关系的密集区,人际关系管理中难以处理的是人际冲突,这造成了一系列消极的心理感受。为了减少类似情况的发生,组织管理者特别注重用规则拉开人与人之间关系的距离。规则叠加经常降低管理效率,但管理者却节省

---

① 〔法〕米歇尔·克罗齐埃:《科层现象》,刘汉权译,上海人民出版社2002年版,第55页。

了人际关系的成本。这也正是政府机关里官僚主义盛行的文化根源之一。

三是规则本身也可能只是代理者向委托人显示自己"尽责"的信息，从而赢得信任。在许多政府机关里，经常会在对外展示的窗口处，张贴、外挂许多内部管理的规章制度，其实这些规章很多时候不过具有象征意义罢了。

2. 社会关系补贴。组织包括着一个复杂的社会系统。它的产生，一方面是由于人的集合而自然产生的，另一方面是由于参与者有意寻求新的社会关系而产生的。通过重构组织中的人际关系，起码产生这样几种社会关系的补贴效应：一是归属感，即在组织的冷冰冰的正式关系外，可以得到一种归属的感觉，既满足了社会交往的需要，又获得了组织关系中的安全需要；二是成就感，即在自发建立的非正式群体里，如果能够取得领导的地位，也会使人有成就感。三是效能感，即非正式群体的存在增强了这一群体中成员的效能感，能向组织的其他部分发出更大的声音，并得到重视和回应。这些人际关系系统有助于化解理性的官僚系统的刻板性，但与此同时，人际交换关系的存在，在许多方面却是以政府所代理的公共利益损失为代价的。

3. 权力补贴。权力既是获得其他补贴的手段，同时也将满足追求者的权力欲，这本身也是一种补贴。正如许多人所认同的，在政府组织中追逐权力所产生的社会影响及对权欲者的满足，是其他领域所无法企及的。高层官员通过控制议题、控制信息、控制组织过程、充当组织冲突的调解者等方法，努力建立起超出组织管理要求限度的权力帝国；中层官员通过规则的运用、上下级信息的筛选、出卖上下级的形象等手段，精心建立局部权力中心；基层官员通过"默会的知识"、个人技能、第一手的信息、于面对面的人际关系施加影响等"低位者的优势"，努力巩固和扩大个人的权力。

4. 自我价值补贴。在诸多的机会剩余形式中，还有一种不被人们认识到的形式，即自我价值的补贴。这也是人力资源自我实现机制在剩余分享中常规化的表现形式之一。它不需要获得超额的外部价值，它主要是通过参与者自我调节的行为来实现自我价值的最大化。

对权力的运用可分为两类：一种是积极的权力运用，另一种是消极的权力运用。假设在权力关系中存在一个经验的平衡点，在其他因素不变的情况下,一方的政治技能高于平衡点时,就是积极的权力运用,相反,低于平衡点时,就是权力的消极运用。消极的权力运用也是一种权力发生作用的状态,它与行为主体的能动性相关。在组织中总是存在这样一类参与者:一方面他们也会进行最大化的计算,另一方面他们的政治技能较低,不得已只能采取对自身行为的自我调节的方法,即以最小的劳动付出,换来同样的报酬。报酬不变而付出最少时,自身的价值得到了最大的体现。

从以上对组织剩余Ⅱ的分享的各种表现可以看出,几乎所有参与者都可以运用自身的资源——包括权力和各种机会。因此,组织内的剩余分享是普遍的,它涉及组织的各个层级及其各种角色。

五、组织剩余索取权:谁得到的最多

关于组织剩余的分享问题,往往会使人进一步追问,谁得到的最多?其实在贯穿全文的理论逻辑中已经做了回答:谁的权力大,谁将得到最多。组织剩余索取权包括三种形式:一是组织剩余Ⅰ的索取权;二是组织剩余Ⅱ的索取权;三是将二者综合起来看的组织剩余索取权。其中都有一个权力比较问题:对于剩余Ⅰ的索取问题需要比较正式权力系统中的各方权力的大小;对于剩余Ⅱ的索取问题需要比较权力负系统中的各方的权力大小;综合的观点又需要整体比较两个权力系统的大小。这些都要结合不同范畴中的权力逻辑逐个分析。

(一) 组织剩余Ⅰ的索取权比较

本章第二部分在论述组织剩余Ⅰ的分享时表明,组织性质不同,参与剩余分享者也就不同。在公共组织与社会组织中,只有所有者拥有全部的剩余Ⅰ的索取权,其余参与者不能参与分享,这是由剩余Ⅰ的性质所决定的,自然也就不存在索取权大小比较的问题。

对于经济组织来说,我们重点考察分配模型 R_1,即所有者、经营者、工人三方都参与剩余Ⅰ的分享。这一模型涉及的参与分配者多,有利于说明索取权的比较问题。

根据企业的契约理论，企业在本质上是剩余控制权与剩余索取权的统一。组织剩余Ⅰ是组织的"净利润"，它的分配通常是按事前的正式约定进行的。组织的所有者（可能表现为股东）应享有剩余Ⅰ的索取权。但在现代企业合约中，为缓解代理人的"道德风险"，委托人（所有者）普遍实行相容激励措施，合约也会约定经营者甚至工人也参与剩余分享，并且一些地区的企业经营者在剩余分享中占有的份额越来越大，以至于超出其合同约定的固定报酬部分。尽管这样，与所有者比较起来，经营者不可能比所有者所承担的风险还要大，最终还是所有者从不确定报酬中分得最大的份额。

对于经营者群体来说，无论企业管理模式有何不同，他们在企业的正式权力系统都隶属于一个明确的等级结构，与各种职位相结合的正式权力的大小，通过组织图谱基本上都能做出大致的判断。组织剩余Ⅰ的分享份额，是随着各方在组织图谱中位置的上升而增大的，处于组织这一等级结构图谱顶端的管理者所得最多。

对于工人群体来说，由于劳动力供给市场的存在，他们所拥有的劳动力的价格能够被市场价格所揭示，再加上他们往往是风险规避的，他们是以固定报酬为主要收入部分，奖金及其他形式的非固定报酬只占其总收入的较小份额。因此，工人在剩余Ⅰ的分享中所占的份额最小。

简而言之，在组织剩余Ⅰ的分享中，索取权的大小与组织的显性权力图谱基本一致，谁处于组织图谱的上端，谁的权力就越大，得到的就最多，反之则反。

（二）组织剩余Ⅱ的索取权比较

组织剩余Ⅱ的索取更多是机会性的，与组织权力负系统密切关联。这一权力负系统不像正式的权力系统那样呈现为确定的权力图谱，它是一个弥散的、模糊的结构。它与正式权力系统不是同构的，但又有着千丝万缕的联系。如此，对组织剩余Ⅱ索取权的比较，通常难以得出确定的答案。但我们可以从理论上寻找到有用的方法，即根据情形，负系统中权力者的权力值是可以测定的。

依据已经论述过的权力值 P 的测量公式，权力所能影响的客体的数量越多、权力影响的综合性越广、权力影响的强度越大,其权力值也就越大。由此,我们可以大致勾勒出权力负系统中的由下而上的阶层轮廓,如图 5—1 所示。

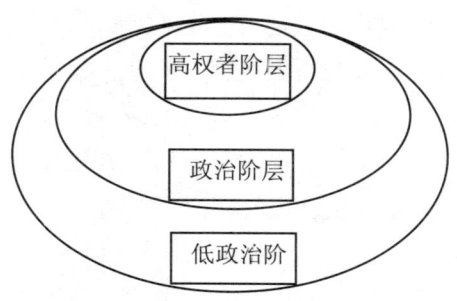

图 5-1　组织中的权力阶层

高权者阶层,往往是指组织图谱中大部分的高层管理者,同时也包括少数职位低但与中心权力有密切联系并能实质性影响高权者意志的人。组织中的高层管理者本身就合法地拥有大量的各种组织资源,他们在组织中处理不确定性问题的权力最大、机会最多,他们具有各种有利条件把组织权力以及个人拥有的合法权力转换为个人的巨大的负权力。组织图中的少数较小职权者,通过特殊的或重建的社会关系网络,获取超出组织正式赋予的额外权力,可以发生"权力的翻转"。高权者权力影响的客体数量、综合性与强度的取值都很高,都在权力负系统中被视为有重大影响的人,因此他们能获得最多的组织剩余Ⅱ。

政治阶层,主要指的是处于组织中间层级及以下的、职位权力较小,占有资源较少,但政治参与意识强,政治技能高,也能在组织利益的分享中获益的人。相对于高权者来说,政治阶层是权力负系统中的"合作者"或"反叛者",他们既希望接近高权者以加强影响,又随时准备向高权者展示力量。如果情形有利或策略得当,政治阶层往往也会引起重大的组织变革,从而使得这一阶层在组织中的政治地位得到明显改善。

无政治阶层并不意味着他们是无权者,只是说他们在权力负系统中的权力小,这是一个成分复杂的群体。其中,一部分是在组织图中占有重要职位的"有权者",但由于个人的政治技能不娴熟等原因,他们成了"挂名者",有职而无权,在权力负系统中的影响小。另一部分主要是上文提到的"自我价值实现者",他们往往集中在组织的基层,在组织图谱中无职也无权，政治参与意识弱，仅愿凭有限的资源和机会，通过"偷懒"等价值自贬行为进行个人的最大化计算。这一阶层构成组织中的"沉默的大多数"，在正常的组织动作中他们是平凡的，但如果组织中发生了充分的政治动员，他们汇集的力量将很有可能决定组织的走向。

（三）剩余Ⅰ索取权与剩余Ⅱ索取权的比较

与组织剩余Ⅰ相联的正系统权力和与组织剩余Ⅱ相联的负系统权力，它们发生与运行遵循着不同的逻辑。因此，二者的比较需要的不是精确而是抽象性的理解。

普遍看来，组织代表着更高的社会生产力结构形式，这一生产力来源于行政控制权力系统的建立。尽管组织权力与组织内的负系统的权力有着不同的目的取向，但组织首先是一个行政控制系统的本质，决定了它能够对各方参与者履行行为约束——配置资源、颁布规则、制定政策、实施奖惩以至于决定参与者在组织中的去留等。我们必须对这一基本判断形成共识，否则无论如何也解释不了现代组织产生的原因。不能认为，一方面组织所有者承担最大的风险，另一方面却对参与者的"道德风险"无法控制；一方面认为所有者买入了生产要素，另一方面生产中的活要素不受控制和监督；一方面团队生产需要组织者，另一方面参与者却各行其是，等等。根据巴泽尔的产权理论，如果说留置在公共领域产权的价值被发现后，各方必定要进行新的产权界定。对于这一观点可以这样运用，即如果组织所有者放弃于公共领域的权力能够严重侵蚀其合法的行政控制权，则会使所有者有强烈的动力去加强控制——加强权力监督，改进组织管理水平，提高管理效率。因此说，组织中的负系统的权力只能附着于正式的权力系统，不可能取而代之。在正常的社会群体结构中，组织的正式权力要大于其中的负系统的权力。组织剩余Ⅰ的索取权要大于剩余Ⅱ的索取权。

当然，也不能忽略组织中隐性的权力负系统有时确实能左右组织的命运。现实的组织世界里，组织的"生生死死"是非常正常的情形，除其他因素外，由于组织管理不善，组织离心离德，组织中的权力负系统膨胀，最终导致组织解体。这种例证表明，组织中的权力负系统可能会在某种情况下，超过正式权力系统。但这不是常态。

六、小结

现有理论对组织剩余分享问题给出了并不充分的描述,本章提出了一组成对的概念,即组织剩余Ⅰ和组织剩余Ⅱ。组织剩余Ⅱ的概念结合着前述权力负系统的概念,使对组织中的政治秩序的描述发生了一个重要转变。改变了过去组织政治分析中混合了正秩序和负秩序的情形,使对组织政治的分析可以循着两个不同的维度分别开进,这将有可能使对组织内政治逻辑的发掘更加具体。

但正如麦克利兰在把权力区分为正性权力与负性权力时所冒的风险一样,二者的界限可能并不截然分明。在现实组织中,两种政治秩序的确是相互结合,甚至有时是相互替代的,从中勾勒出一个相对分立的领域所将产生的理论效应,需要认真考察。

第六章 组织政治及其治理之道

大量事实说明，作为正式权力的行政控制权深深地内嵌在组织关系之中，是组织关系的基础，没有行政控制权，便不需要组织的存在。本书将组织的正式权力结构的状态称为组织的政治形态。同时，特别是在政治发达的组织中，还明显存在着一个力量强大、散布广泛、分立破碎的权力负系统，负系统权力是围绕正式权力系统而存在的，并不会改变组织的政治外观。但权力负系统也是参与者利益实现的又一场所，它也产生巨大的剩余，甚至可以左右组织的命运。组织治理的关键，就是如何处理两种政治系统的关系，寻找公正与效率的平衡点，在组织变革中实现个人发展与社会效率的统一。

一、政治形态：权力组织的外观

总体上，组织的政治形态在外观上表现为权力的集中占有。但具体分析，组织的政治外观各有不同。

首先，不同类型的组织，其权力结构还是有明显区别的。从组织的两种类型看，官僚制组织是一种权力按等级严格且明确配置的组织，而非官僚制组织的权力则是既明确又模糊。考亨总结了"学院领导"经常面临着的权力模糊问题。在学院这种非科层制组织中，学院的院长拥有比其他人都大的权力。但是，组织生活的必要细节使权力发生混乱，他们想要去做事情主要在于他们想去做，并不自主地运用正式权威，经常请求对他们所控制的限度给予理解。他们对学生、议员、社团领导们所假定的因为他们是院长因而他们有选择做任何事情的权力的倾向表示遗憾。他们呼吁要抵消学院中其他小组的权力或要注意大的组织中的因果关系的复杂性。非科层制组织中的管理权力模糊性的状况与目的模糊性、经验模糊性及成功模糊性一起,使非科层组织整体蒙上了模糊性的色彩。① 但不能因此产生错觉,即像考亨所言的,科层组织中的层次性行政责任的习惯性神话被学院和大学的非层次性的相反神话逐渐捣毁。非科层组织中的次中心多元权力、联盟与团体的混合等现象,从其与典型的科层组织相比看,确实失去了标准形态。然而,作为一个组织来说,它仍是一个行政控制的集合体,组织的权力仍在正常起作用,寡头的力量受到制约,但组织权力的完整性与一致性仍是存在的。否则,非科层组织就失去了存在的意义。

其次,组织形态在过去几百年漫长的历史演进中,曾经发生了很大变化。例如,穆顿在回顾企业的历史与未来的发展趋势时,把公司时期企业的管理分为三个时期(如图6-1所示)。② 第一个是企业家的时期。500年前,当时政府颁布特许状,批准国内个别人或成员群体去从事商业活动不是代表他个人或作为政府的直接代表,而是作为由政府设立和在政府保护下运转的间接的社会"有机体",他们仅受最低限度法规的管辖。主导这些组织的是一些有创新精神的企业家。企业家发现机会,筹建组织,拓展组织生存环境,为组织的最后结果承担完全责任,开创了西方社会历史中一个有高度实业精神和高度剥削的时期。穆顿根据这一时期组织的负面特征,将之称为"粗暴的9.1控制"。第二个是机械的或官僚主义的时代。在企业家组织繁荣的后期,政府开始采用限制的办法以约束过度的剥削。同时,随着教育的发展,新工艺的应用以及其他影响,单凭企业家的首创精神已经不够。不仅从规模上说要求一个人去指导一个特定的组织已经不切实际,而且后辈的领导人已很少具有第一代人所显示的首创精神。作为一种结果,一些组织开始通过设计组织图表、制定政策、程序、规章制度和通过拟定职务说明,来为它们的运转开发理论基础。领导权不再集中于"一个大人物",从而对组织结构、政策、程序愈益倚重。组织权力外观呈

---

① 〔美〕米察尔德·考亨:《在非科层组织中的领导》,载竹立家等编译:《国外组织理论精选》,中央编译出版社1997年版,第174—179页。
② 〔美〕R. R. 布莱克、J. S. 穆顿:《新管理方格》,孔令济等译,中国社会科学出版社1986年版,第244—249页。

现出了有别于企业家组织的另一番情形。穆顿将第三个时期称为动态时期。这一时期，组织和管理风格出现了若干变化的可能，这种变化主要应对的是政治社会环境的改变，以及官僚制组织在完成目标时的低效率事实。人在组织中的位置越来越重要，粗暴或严格的控制不能毫无顾忌地维持下去。但是，或退避及放纵、或认可及福利、或折衷及顺应的管理，也不可能在组织竞争中轻松地存在。穆顿认为，另一种潮流将会成为主流，即以功绩为基础的职工报酬系统方面的稳步改进，导致人们报以贡献和献身精神，使组织关系发展为公开、沟通和解决问题，而不是那种封闭的、猜疑的和造成问题的关系。在组织形态的这种纵向变化中必然折射出组织的政治外观的历史性差异。

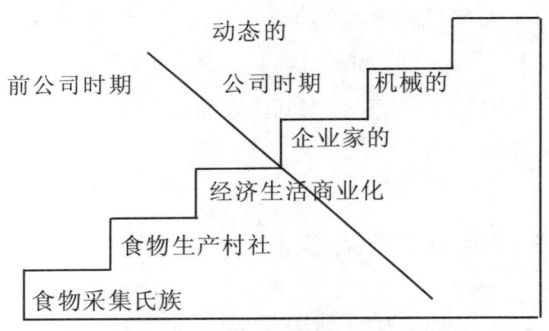

图 6-1　公司演变的诸阶段

资料来源：R. R. 布莱克、J. S. 穆顿：《新管理方格》，孔令济等译，中国社会科学出版社 1986 年版，第 243 页。

再次，除上述第一点中已经说明的官僚制与非官僚制组织的区别外，即使同一类型的组织，其结构形式也有区别。对于当代公司制组织，威廉姆森曾秉持新制度经济学立场，从资产专用性原则、外部性内在化原则、等级分解原则，对其组织创新的方向和原则进行过深入研究，发现这些因素的不同权重的组合，制约着公司的治理形式。① 现在，组织管理理论通常把当前的企业组织设计的基本形式分为三种，它们内部的层级关系、职责配置及管理流程各有特点。第一种是直线式职能制结构形式，它以直线制为基础，兼顾

---

① 〔美〕威廉姆森：《资本主义经济制度》，段毅才、王伟译，商务印书馆 2002 年版。

职能分解的需要，层级化、部门化是其权力配置的基本要求。第二种是矩阵组织结构形式，它是把那些依职能划分的部门化资源，按执行工程、产品、项目生产的要求，临时结合成一个跨部门的单位，矩阵组织对组织权力的集中与分散提出了更高要求，特别是权力单位的频繁重组，使组织内的权力一致性受到挑战。第三种是事业部制组织形式，它的特点是把企业的生产经营活动按照产品和地区分成若干个事业部，事业部是一个相对独立的部门，有自己的产品和市场，实行独立核算。事业部设有相应的职能部门，有直接提供利润的职能，是总公司控制之下的利润中心，由事业部组织产品或地区的生产、销售、采购等全部活动。在这种组织形式中，组织顶层更加重视重大权力的拥有，而日常的经营管理权力却充分下放到了各事业部。

由此可见，确实存在着这样的事实，即组织结构或者说组织的权力结构在组织图上有明显的区别。依据这种区别，可以对组织的政治形态进行分类。这里将组织的政治形态分为以下几种类型：独裁的、专制的、分权的、参与的、无政府的等。

（一）独占型组织的政治形态

顾名思义，独占型的组织政治形态是指组织中的权力高度集中于组织的占有者——独裁者。在这种状态下，组织的政治外观表现出以下几个方面的特征：一是组织身份与独裁者的个人身份高度融合在一起，甚至组织身份不如独裁者的身份在社会交往中被认识和承认。二是独裁者的个人魅力在组织运行中起支配性作用。三是独裁者的核心管理幅度表现为整个组织，而不是某个局部。四是独裁者的管理层次是不确定的，其命令可能随时指向组织中的某个层次。或者说，独裁者不承认组织内任一层级的固定权限。五是独裁者的行使权力方式更多地表现为命令与控制。根据这五个方面的特征，我们可以总体上测定出独裁者的权力值 P 是很高的，因为在规模一定的组织中，独裁者的权力可以指向组织中的任何一个方面或任何一个层级，也就是说计算其权力值函数中自变量 n 与 c 的取值都是最大的。另外，在独裁者个人魅力有效性很高时，其权力影响的强度 r 的取值也很高，权力受众是其追随者，他们的权力接受的"无差异区间"很大。

独占型组织的政治形态一般来说在组织的社会化早期阶段普遍存在。

前面曾提到在企业家的公司时期，组织尽管已经开始获得现代的社会身份，但社会对它的期待与规范还很不充分，组织本身的社会化程度还很低。一方面，企业家凭其个人能力创建并管理组织，拥有对组织的个人占有权；另一方面，社会对其管理方法与手段等进行的限制还很少。这就使组织更像一个独裁者的独立王国，企业家就是其中的独裁者。但是，不能一定认为这一时期就是组织的政治黑暗时期，毕竟当时整个社会已正逐步退去奴役制时代的色彩，独裁者也并不拥有先赋的主子的角色，作为参与者进入组织的主要条件是能够获得高于在其他领域中的个人收益，或者说独裁者要用高于其他领域的交换价格才能购买到他所需要的人力资本。受组织占有者个人管理风格的影响，某些独裁者的权力行使也可能较为开明、仁慈和民主。当然，也有如早期资料记述的那样，组织中存在大量监工，他们身强力壮并且可能手执皮鞭，像对待动物一样对待工人。这些监工就是独裁者的又一副面孔。

应当承认，不但组织历史的早期存在着独裁者的组织，在当代仍有许多独裁者的组织。这往往出现在当代企业家创建的个人独占型的组织之中。在这些组织中，企业家要承担组织风险，企业家要靠个人能力把各种资源聚合在一起，企业家要靠对环境的更加灵活的反应寻求发展的机会，企业家面临的是组织手段相对匮乏，如同企业的早期历史时期那样。

(二) 法理型组织的政治形态

所谓法理型的组织政治形态，是指与韦伯描述的官僚制组织最相近似的组织形态。这种官僚制组织的政治形态有如下特征：一是组织获得了充分的社会身份。官僚制组织设计反映的是组织社会化的结果而非占有者的意志。占有者对外虽然仍是组织的代表者，但在内部管理中个人权威让位于官僚阶层的法理权威，因为这种权威被社会承认为最合理。二是组织中的权力是高度集中的，且由上而下、连续一贯。官僚制组织中下级承认上级的最高权力是组织得以正常运行的保证，命令统一与下级对组织命令的忠诚是组织运行效率的源泉。三是组织中权力配置是高度理性化的，这种理性化反对组织内的权力溢出正式规章之外。正如韦伯所抽象的，官僚制的行政管理班子是由人格上自由的、服从于职责的职员所构成的；官僚等级制是根据这些职员的职能目标组织起来的；他们的职权范围在合同里是被限定的，而且与明确的职位相联系；他们的报酬是由一些清晰而固定的工资所构成；他们的职务是他们唯一的工作或是他们主要从事的工作；他们的晋级是以资历和上级的客观评判为依据来决定的；他们必须服从组织的纪律并接受检查，等等。四是组织参与者的人格虚化。高度的社会化及理性化的直接后果就是组织参与者的非人格化。对于所谓"人格自由"的职员来说，他们之所以是自由的，是因为他们获得了与组织要求所匹配的理性特质。对于不再具有"企业家"光环的传统领导者来说，他们成了组织中被嘲弄的对象。在法理型专制组织形态盛行时期，许多典型研究认为，组织中的高层领导者往往为了保住他们舒适的工作，刻意用意识形态、戏剧化做法以及"官僚病象"等手段制造出他们如此重要的幻象。他们总要伪装出是阅历丰富的，并以经常而微妙的方式促进下属这种心理定势的连续性，使其不会反对他们继续保有权力；他们高度锤炼出了戏剧化风格，包括个人冷漠坚定的目光、有力的握手以及动人的微笑，显示他们在组织中的重要性；他们在组织中强制过分屈从与听命。这三种手段都是为了掩盖领导者实际技能或知识的缺乏。[①]

法理型与独占型的组织政治形态有一共同特征，都强调组织权力的高度集中与统一，强调一个指挥中心、一个组织目标、一以贯之的成员忠诚、一个组织中心垄断行政管理权力。二者的区别也是明显的。独占型的组织中，权力是围绕企业家来构建的，服从于最高领导者的个人命令是组织内权力运行的基本逻辑，规章更多的是以参与者的自我理解而共同构建的内生的隐性规章，更多地体现为维护领导者的个人权威积淀起来的文化规范。法理型的组织中，技术官僚的主导与控制构成其组织运行的基本逻辑，并且权力更多的是以显性的规章以及明晰的组织结构设计来加以保障的，在这里排斥独裁的个人，但存在专制的权力，它指向组织中的每个人。不过，由于组织的参与者的能力等级不同，组织权力也并非均等地被掌握，组织顶层的官僚拥有更多更大的支配权与决定权，这就决定了法理

---

① 〔美〕尼古拉斯·亨利：《公共行政与公共事务》，张昕译，中国人民大学出版社2002年版，第216—220页。

型组织中的权力中心的位置及其自上而下的指向性。

(三) 分权型组织的政治形态

当在组织管理中出现了以任务或地区等因素为主要依据的结构再设计，或以某种要素为纽带的组织内再组织时，新的组织结构形态就出现了。这种组织结构形态与前述组织相比，存在着一个权力中心之下的多个次权力中心。这是一种明显的分权型的组织政治形态。分权型的组织形态在现代社会中是大规模组织的一种日益发展的形态，典型形式就是事业部制组织或内部组织。

二元的企业与市场的替代关系理论，容易让人产生一种误解，即组织对市场的替代总是高效率的，因为它节约了纯粹市场交易的高成本。其实，这种外部交易的市场定价成本与企业内部的行政管理的成本之间还是有一个比较问题的。当把外部市场交易成本内化后，组织通过行政控制，减少了原来产生的外部交易成本，但组织内的管理成本也会相应增加。经常看到这样一些情况：企业组织不同部门之间的激励机制和人们的行为模式不尽相同，导致了互相间的协调与沟通不尽如意，从而降低工作效率。更重要的是，企业内各机构工作会有一个固定模型的倾向，拘泥于已经陈旧的方式和技术，因此很难适应外部环境的变化。而一般对企业来说，缩小某一部门的生产规模或撤销这些部门，会遇到巨大的阻碍，而这一方面也会使组织内的交易成本增加。此外，随着企业组织规模的扩大，企业内各部门的官僚主义倾向和狭隘性将会进一步加剧，而这一点也会使组织内的交易成本变得昂贵，实际上就是组织的管理成本大幅度增加。[①] 当因组织增长带来的边际收益率小于原规模时的市场交易的边际收益率时，外部成本内部化就显得无效率。于是，这就又提出了两种解决组织管理成本的思路：要么重返成本外部化的市场定价模式以求两种收益率的平衡，要么可以采用新的内部组织模式。用管理经济学的话来说，所谓内部组织模式是指

---

① 〔日〕今井贤一、伊丹敬之、小池和男：《内部组织的经济学》，金洪云译，生活·读书·新知三联书店 2004 年版，第 66 页。

在组织的框架下建立的组织内部市场。这种组织的内部市场不是完全市场，但也不是整体化的有机组织，而是在统一的组织权力的主导之下，在组织内部的主要单元之间或要素组织之间，所建立的准自主定价交易的新型模式，这种模式主要是寻求解决市场失灵与组织失灵的"第三条道路"。

事业部制或内部组织模式的一个显著特征是某些行政权力尽可能地下放到次级行政管理中心，而总中心决定与控制重要的决策，如选择首席执行官、决定组织的竞争战略，以及在下属单位和活动之间分配资源。另外，各次中心之间的协调与沟通的某些方面不再主要通过接受行政命令的方式进行，各次中心之间乃至他们同总中心之间都有着竞争关系，在一些方面是通过内部市场定价机制以及社会交换机制来进行的，而非基于行政命令。相对来说，在大规模组织中，这种协调方式也具有一定的效率。①

这种组织模式的权力结构与上述的两种类型相比显然是对统一的权力进行了分散。如果假定某两个组织占有相等的资源，独裁与专制的政治形态与分权的政治形态对组织的占有者与控制者来说，他们的权力值是有差别的。因为两者相比，虽然权力客体数量的 n 取值可能不变，但权力影响综合性的 c、权力影响强度的 r 的取值则减小了。综合衡量，在一定条件下，应是组织总的权力值增加了，中心的权力值则不一定增加。内部组织在总体上有着效率递增趋势，因此再次印证了一种观念：组织的效率并不一定是以对组织权力的绝对垄断为前提，组织管理首先需要做的是如何更好地完善组织权力的分配。

当然，应注意，在这些内部组织中，组织的权力中心与各次中心的权力关系的模式发生了变化，如果中心寻找不到更好的方法控制次中心，可能的效率递增趋势将会发生逆转。

（四）参与型组织的政治形态

分权型的组织政治形态是以组织权力在等级中的自上而下的分散为特

---

① 〔日〕今井贤一、伊丹敬之、小池和男：《内部组织的经济学》，金洪云译，生活·读书·新知三联书店 2004 年版。

征。与独裁的或专制的政治形态相比，参与型的组织政治形态不是组织权力自上而下的分解与转移，而是以组织权力民主化以及政治参与为主要标志。由此，传统意义上的无权者上流到组织各层级从而分享组织权力。或者说，参与型的组织政治形态立足于治理结构的开放性，并有组织宪章加以保障，它不同于一般的管理的民主风格——管理者俯身倾听或随机性的政策过程开放，而是在较为彻底意义上的管理革命。如果说分权型组织是为提高组织单元的灵活性与积极性，那么参与型组织更多地是为了解决无权者的权利与权力问题。

在当今泛资本主义的社会结构中，资本及其衍生的各种权力在社会控制中是最基本的力量，但是资本主义社会结构的稳定与强化却始终受到两种因素的制约，一种因素是之前着重分析过的契约制度。契约双方形式上的平等为资本统治提供了合法性，但契约实质上的不完全性又从另一方面制约了资本的恣意妄为。资本价值的实现必须依赖于利益相关者的持久合作，但任何一方的机会主义都可能使对方的利益遭到损失，不完全的契约恰恰提供了机会主义施展的空间。在管理科学研究的早期，泰罗就把解决"能唱歌但又不愿意唱歌的鸟"的问题作为一个主要议题，与此同时，韦伯的官僚制理论也可以被看成是加强组织控制的一种机械论，梅奥不久又提出了工业社会中的社会心理疗法，再到后来，各色各样的激励理论的不断翻新，如此等等。可见，如何通过正式或非正式的组织方法解决员工作业中的效率与主动性问题，一直占据了各式各样的管理者以及管理学家相当多的心思。另一种因素是不断发展着的所谓社会正义观念。在资本主义条件下，这种观念没有受到经济效率的绝对宰制，相反却在文化层面与传统伦理相结合，在政治层面与民主政治相结合，成为约束泛资本主义的强有力的力量。

（五）无政府型组织的政治形态

尽管组织是以行政管理关系为基础构建起来的社会集体，但行政关系确定了组织与外部环境的边界，我们仍可将无政府的组织政治形态作为典型类别之一。所谓"无政府"，只是一种相对意义上的表述，并不意味着组织没有治理机构，以及组织中不存在明确的统一的权力与命令关系。

对于无政府型的组织政治形态来说，它更多的是存在于社会领域。这个领域的组织化过程中，资本权力受到了很大程度的限制，它也与源于政治国家主权的权力保持了适当的距离。社会领域中的某种共同目标或共同利益成为集体行动中组织化的基本动力，这也使组织在所有权方面表现为共同所有权。共同所有权的本质决定了与前述的组织政治形态相比，无政府型组织在一些主要特征上会有显著不同。特别是在权力形式及与之密切相关的一些主要维度上有以下特点：一是组织目标的开放性。表现为社会对组织目标的判断与定位相对模糊，组织目标的形成过程受组织全体成员的参与和制约，即使是确定了的组织目标仍要经常受众多参与者的讨论与质疑。决定组织目标是权力的最主要体现，开放的目标决定了组织管理者的权力值水平较低。二是组织管理者的代表性。组织管理的受托者更像一个代表者，他们服从与服务于组织成员广泛而不具体的利益。管理者也总是声称自己没有特殊的利益，他们在组织中的地位往往受组织成员的选择与决定，或者，其声望及其沟通与协调的能力决定其资格。三是组织内的权力碎片化。组织的高层管理者虽然仍拥有明确的、统一的权力，但这种权力是建立在组织内部的各种力量的认同之上，使其权力受到制约。高层管理者的行政资源往往与下级单元的关键资源构成某种交换关系。例如，实际的行动以及专长就是下级的人力资源的重要组成部分。这就是所谓"资源决定权力"，不能有效地控制资源，就不能轻松地运用权力。四是决策过程的"垃圾桶"效应。如前所述，在非官僚制组织内，几乎任何决策都可成为一个"垃圾桶"，在无具体时间规定的过程中，大量独立的议题流入或流出，产生出许多"偶然"的结果。这一效应显示了权力的弱影响性。第五，规则的象征化。无政府组织政治形态中，规则当然也是处理冲突之努力的一部分，它的创建也是经常用来处理矛盾、缩减任意性以及为行政官员提供保护。不过，由于无政府组织中规则的决策过程本身就是一个垃圾桶，决策的投入经常为修辞性、象征性的信息所修饰。另外，规则经常会以特殊的方式中断冲突，即对规则的运用是以或多或少违反规则的方式提出解决问题的办法，它宣告了敌意的终结，但采取了几乎没有令任何人满意的妥协。相对于纯粹意义上的刚性规则，无政府型组织中的规则更具有象征意义。

以上五种形态是理论上的分类，现实中的组织政治混合了多种形态，只不过在取向上更多地突出了某些特征,这取决于对组织内外环境的合适判断。

二、权力负系统中政治行为的经验描述与评价

在普遍的社会规范里,组织中的正式权力系统及其内容,例如权威系统、意识形态系统和专门技能系统等,在某种意义上可以说是合法的。行政命令基于合约的明示许可。意识形态系统虽然含蓄,却代表了组织中被广泛接受的价值和文化。专门技能系统通常在专业的基础上被予以证明并由正式权力予以批准。诸如此类的正式系统中也存在政治行为,但我们在前文中就已将之排除在讨论的范围之外。而组织中的负系统权力的特点决定其缺乏合法性,不合法的政治行为当然是与"冲突"、"破坏"、"不道德"以及"自利"相联系,它们与正式权力系统相分立,或者彼此争夺。虽然在我们归纳过的5种不同的组织政治形态里,负系统权力实现的背景不同,但其政治的目的、策略与技巧有更多的相近之处。因此,对组织负系统中的政治行为可做总体的描述。

(一) 政治行为:权力负系统中的"游戏"

对组织生活有深入了解的人,应该对组织中的"游戏"一词不陌生。实际上,许多组织故事就是负系统权力所出演的"政治游戏"。组织的政治游戏场景错综复杂,它是微妙的、零乱的,可以在组织的不同部分同时展开。在这些故事的游戏中,有时人们可以发现其中的规则,这些规则对于游戏者来说清楚明了,但有时规则含蓄不清。一些非常稳定,一些总在改变,这些规则的总和定义了政治游戏。明茨伯格曾把组织政治的游戏行为罗列为13种(表6-1),汇总了目前描述组织政治的典型形式。

表6-1对政治游戏的描述较为全面,但感觉似乎显得零乱。特别是明茨伯格在研究中混合了两种政治行为,而这是本书所努力避免的。所以,以此为参照,这里对负系统中的典型政治行为再次总结为如下几种:

1. 目标转换。组织的显性目标往往是围绕着所有者的意志得以确立。

在组织中，这些目标往往会被代理者进行转换，使组织的目标与参与者的利益相一致。这既可能发生在从高层到基层的代理者中，也可能发生于整个系统中。

这里有几个显而易见的例子。比如，一个政府的合法性目标是"一切为了人民"，但在政策制定中却经常发现人民的利益被置于某些集团利益之后；一个社会组织的合法的目标是公益慈善，但"慈善"却被机构作为某得商业利润的招牌；一个公司的合法目标之一为服务于股东收益，但公司的战略目标却混进为 CEO 连续任职提供保证的目的。如此政治游戏结合进组织的运行，使得组织在行为上表现得不可思议："怎么会这样？"成了人们经常围观组织时的舆论焦点。游戏参与者使用这一策略时，创造许多灰色空间，能够最大限度地发展自身利益。

2. 要挟。当组织中存在高度的互赖性时，单边行动几乎不可能。特别是，当相互依赖的各方纠结在一起，彼此间差异很大时，很难对该做什么达成一致。

表6-1 组织中的13种政治游戏

游戏	主要玩家	使用的原因	与其他有影响的系统的关系
叛乱	大团体中无须技能的工作者有时是专业人员（单独地或在小团体中）	抵抗权威（或其他合法权力）	与合法系统相敌对
阻遏叛乱	高级经理	阻遏对权威的抵抗	与合法系统共存
找靠山	任何下属或下级，通常是经理，单个员工或较年轻的专业人员	（依靠上级或高层）建立权力基础	与权威或专业技能共存
建立同盟	一线经理	（依靠同事）建立权力基础	可替代合法系统，否则与权力或专业技能共存

建立帝国	一线经理	（依靠下属）建立权力基础	与权威或专业技能共存，有时可替代合法系统
做大预算	一线经理	（依靠资源）建立权力基础	与权威或专业技能共存
专业技能	操作员和专业人士	（依靠真/假知识和技能）建立权力基础	与专业技能共存或可替代之
作威作福	无须技能的操作员及其经理（有时是专业人士）	（通常依靠权威，特别是科层规则）建立权力基础	与权威（或专业技能或意识形态）共存
一线 VS. 员工	一线经理和分析员（有时是支持部门的员工）	击败对手	一线与权威共存，员工与权威相敌对
竞争阵营	任何同盟或帝国，通常是中级	击败对手	可替代合法系统
战略候选人	一线经理、专业人士和操作员、首席执行官	影响组织变革	与合法系统共存，有时可替代它们
揭发	低层操作员或分析员	影响组织变革	与合法系统相敌对
愤青	较高层经理/职员，有时是专业人士	影响组织变革	与合法系统相敌对

资料来源：亨利·明茨伯格：《组织的政治竞技场》，载《IT经理世界》2004年11月5日。

对于所有的重要决策而言，很多人可能采取拖延、阻碍或破坏行动，以组织利益为要挟，体现自身的重要性或明目张胆地提出利益诉求。由于存在相互依赖的关系，不能通过强制命令或一走了之来解决分歧，这就自然会导致人们对某一行动的意见冲突，进而影响人们解决此种冲突的努力。

当存在较高程度的互赖性时，使所有相关联系各方聚集在一起讨论问题常常是不现实的。如果召集各主要方面的代表讨论，观点的巨大分歧会使协调异常困难，耗时费力，效果不佳。在这种情况下，人们通常会寻求其他解决冲突的办法。有时会通过谈判来寻求一个并非最佳的妥协方案；有时会设法把自己的意愿强加给别人；有时会把决策权让给对方，期望别人以后也会投桃报李；有时会试图操控其他各方接受自己的观点；有时会去说服其他人相信自己的解决方案对于所有各方都是最理想的。通常，上述这些策略在环境适合的条件下能够解决冲突，然而往往要付出高昂的代价。比如，把方案强加给别人往往招致他人的报复；妥协实际上并非最佳解决方案；说服工作通常要耗费大量的时间和精力；操控行为会导致人们之间丧失信任，会使今后的冲突更难以解决。

3. 抵抗。这一策略通常被"低级参与者"使用。低级参与者，由于没有机会或机会很少影响组织的重大决策，他们的利益往往被忽视而无力改变现状。他们的不满通常会以抵抗的方式表达出来。他们会不执行或敷衍新的规定；他们会联合起来，在自己的小群体周围设置"警戒线"，在自己内部推出领导，既让外界的干扰受到阻挠，又统一内部的行动步调；他们会直接而集中地向上层表示不满要求改变。这时新方案在落地时，会被直接弹到空中，或陷于泥淖。

但是，抵抗的行为最终难以取得直接成功。低层的位阶、不占有稀缺资源以及内部团结等问题，使抵抗变得"雷声大雨点小"或"虎头蛇尾"。如果有合适条件和时机使这一力量能得以好的利用的话，则也会显示出这一行为的力量。在多数情况下，抵抗会受到反制。威胁与利诱，自利与隔膜，会使抵抗行动逐渐失去热情与力度。不过，抵抗者所希望的后果也会在一定程度上通过间接的方式表现出来，上层会对组织的氛围与下级层的情绪有消极的感受，因此会事后安抚或在继续决策中对他们的意见有所照顾。

4. 传播故事。流传于组织中的故事有两种来源。一种是正式宣扬的故事，它会在组织的正式场合被一次次的重复，情节既富有传奇色彩又表述完整，内容既具体又真实。它代表的是组织中主流价值或管理方希望培塑的价值，它在表面显得一致和谐。

另一种是私下流传的故事。这些故事会有多种版本，根据讲述者的兴趣被加工，在组织中是通过私人的途径进行传播。在真实与有趣之间，更多的是似是而非。但这些故事有巨大的吸引力，组织中的每个人可以不知道那些"真实"的故事，但如果他对组织中大家谈论的"趣闻逸事"孤陋寡闻，他会感到消息闭塞和形单影只。如果有人认为这些故事无聊透顶，那他就连几千年前古人的政治敏感度都不具备。这些故事其实是组织中的亚文化，在其中蕴含的是参与者对组织真实价值的解读，展示的是组织亚系统对正式系统的补充或对抗。更直接的是，这些故事还经常以有权者为主角，通过它的传播可以完成对其诋毁，降低其权威，以至于透露出人事变更时的人心向背的重要信息，尽管这些故事最后已脱离了真实场景。组织动荡时期，经常会"谣言满天飞"。

5. 合纵连横。我国传统上有"三教九流"之说，九流之中有一派叫作"纵横家"。战国时期，苏秦、张仪二人皆为鬼谷子的门生，施展"合纵"、"连横"之术，将战国晚期各诸侯及天下形势掌握于股掌之中。太史公司马迁曾经评价二人为"真倾危之士"。其实，在组织政治中也不乏"连横家"，有时也被贬称为"权力掮客"，或称为"政治家"。他们或独自地、或为某个当权者服务。为当权者服务可以找到"靠山"，比如通过利用上级或个人依附于某个更有地位的人，以表示忠诚和提供服务作为对取得权力的报答。当自身具备足够的资源与实力，通过施展政治的人际技巧，可以取得超额收获。

一般认为，在组织中提升得最快的成功管理者，也会是在工作上最有成绩的人，即有效的管理者。有人对这一看法提出了挑战。他们在研究中发现，无论何种组织的管理者都从事四项管理活动：（1）传统的管理：决策、计划和控制；（2）沟通：交换日常的信息和处理文牍工作；（3）人力资源管理：激励、执行纪律、处理冲突、人事工作及培训；（4）网络联系：社会活动、政治活动，以及与外界人士的联系。但有效管理者与成功管理者对所从事工作重点的强调是不一样的。成功的管理者用在维护网络关系上的时间和精力占总量的48%，并且不重视人力资源管理；而对于有效管理者，沟通占了其工作总量的44%，却在维护网络关系方面投入很少。这一结论否定了晋升是基于绩效的传统假设，同时也表明，社交和施展政治技巧对于在组织中获得更快的提升起着重要作用。①

组织中的"连横家"有几种典型的政治策略,这些策略帮助他们获得或巩固了足够的权力范围。一是建立同盟。这一策略是在同级别人中使用,他们暗中达成互相支持的协议,目的是在组织中提升自己的地位。比如,一些组织中的"初级董事会"就是相近阶层所构成的机构,他们会经营利用这一机构向高层传递意见,表达影响。二是建立帝国。这一策略在组织的各级管理层都会使用,他们不是与同级别的人合作,而是与下属建立权力基础。比如,克罗齐埃分析巴黎会计师事务所的案例中,就分析了基层官僚如何通过与雇员建立联盟以对抗上级的事实,他们最终成功了。②三是巩固竞争阵营。这是所有游戏中最具分裂危险的游戏。冲突可以发生在单位之间、竞争对手之间或者两个竞争的使命之间。这时需要的是一方战胜另一方,而结果是损害了组织的正常功能。四是做大预算。这一策略是利用既定的规则,在合法化的基础上使用。与"建立帝国"的游戏相似,但分裂性相对小一些,因为他们争夺的是资源,而不是职位,至少不是对手的职位。

6. 权力展示。展示权力是一种非常经济实惠的策略行为,它可以吸引追随者,可以震慑对手,可以巩固地位,可以提高声望。它运用了心理的、舆论的技巧,希望"不战而屈人之兵"。展示权力的行为从高层到基层,从管理者到专业人员甚至雇员,都可以使用。

管理者在自己的"帝国"会借助许多方式和手段展示权力,有时显出"霸道",有时显出"王道";有时冷酷,有时亲善;有时作威作福,有时体恤下情;有时重赏,有时严罚。所有的这些不一定出于正常的管理需要,甚至突破组织惯例,更多是策略的考虑,通过打造一种风格,显示自己对权力帝国的控制是游刃有余的。

专家会在未授权的前提下利用专业技能展示和维护权力。真正的专家通过使用技术方面的技能和知识来玩这个游戏,强调它的唯一性、危险程

---

① 〔美〕斯蒂芬·P. 罗宾斯:《管理学》,黄卫伟等译,中国人民大学出版社1997年版,第12页。

② 〔法〕米歇尔·克罗齐埃:《科层现象》,刘汉全译,上海人民出版社2002年版,第6—7页。

度和不可取代性,也通过试图防止它被合理化,特别是通过将知识保留给自己来玩这个游戏。假专家通过使自己的工作看起来像真专家来玩这个游戏,理想的办法是将它宣布成专业的,如此他们就可以单独控制它。在不同场合对自己从事的专业、希望别人对自己从事的专业的尊敬,实际上就是向别人展示,虽然自己在组织中无职权,但专业的权力谁也无法取代。这种展示也会收到一定效果,但通常并不是如专家所企望的那样。如果你的对手并不完全对任务负责,你的行为对他来说只是显得你难以同别人协调。管理者会冷落你,甚至减少你的资源;同行们也会疏远你。这样,专家们可能以为自己在展示权力,实则收到了消极的后果。组织中成功的专家经常是政治头脑清醒的人物,专业技能只是他们成功的工具,而非上帝身后的"十字架"。

基层人员展示权力的方式是通过尽心或不尽心的形式消极体现的,他们没有太多的奢望,只是希望他们在组织中没有被完全忽视。他们这一策略的成功与否,是与组织状况相联的。如果管理者发现他们成了"大多数",则会受到一定的重视;如果仅是"小众",他们也只能是被教育的对象。

7. 退出与颠覆。组织是利益实现的场所,但并不是每个人的利益都可以在某一组织得到充分实现。当一个组织已经混乱,参与者的组织"红利"丧失时,他可能选择退出,甚至出于义愤而报复、颠覆组织。

退出可以是无奈的选择,也可以是展示权力或要挟的策略,也可以是用脚投票。许多情况下,退出者不会平静地自动消失。他会制造或加剧组织中关键的不和谐,留下关于不公平的故事,会选择组织运行的关键时机,甚至会与上司大干一场。如果退出者是一个关键的大人物,他的退出会引起或加剧组织危机;如果退出者是普通员工,只有达到了一定的规模,影响到组织正常运行时,才会佐证组织的衰败。

不管出于什么动机,颠覆者都是很可怕的,因为他们已造成了组织的解体甚至是国家的消亡。颠覆行为尽管极端,但有大量案例证明并非罕见。比如,有学者研究了苏联解体的深层原因,认为这是体制内的官僚阶层主动选择的结果。在苏联的政体内,存在着政治寡头与官僚阶层和积极分子达成的契约——政治寡头以晋升换取官僚与积极分子的忠诚,但这一契约由于政体僵化而不能实现,引起官僚与积极分子的失望,在剧烈的社会变革中，他们选择放弃集体财产所有权和等级制的体制，与大众相互响应，导致了苏联的解体。①

8. 寻求外援。当代社会组织都有一个合法的社会身份，它是社会的公民，社会不但对它设定了法律规范，同时也会对其行为进行道德评价，组织绝不只是处理组织中的事务。当参与者对组织不满，又无力改变现状，但又不想退出时，就会通过各种途径向社会求助，或借助外部监管机构，或借助社会舆论。他们以"内幕的曝料人"和"事件的举报者"的面目出现。组织可能因此陷入公共关系危机，招致法律监管和舆论监督的双重压力，组织声誉会受到明显损害，所有者以及管理层行为正当性受到严重质疑。在当今传媒发达的时代，曝料人的成本很低，往往会收到巨大回报。因为每个参与者都会或多或少地知晓组织内的各种秘密，对他们的控制是很难的。

以上这些策略行为或政治游戏，手段与目的都不合法，却依附于合法系统。脱离这些系统，它们将无法存在。一些游戏，与合法权力分立，但能被组织的正式权力系统所控制。还有一些游戏，与合法权力相对立，并在组织处于危机时表现得肆无忌惮，能对组织进行致命一击。

（二）组织政治的测度

以上政治策略表明，政治和冲突在组织中可呈现为三种状态：或者紧密结合正式系统，是任何一个组织中政治负系统的必然表现；或者它们存在但没有统治权，明显削弱了正式系统，或暴露了其弱点。或者能与组织的正式权力系统分庭抗礼，加剧了组织冲突。这三种状态也许表面上构成了前后存续的组织政治三个阶段，表明了一种由低到高、由缓和到激烈的发展逻辑。

但事实上，组织并不一定都经历这三个阶段而最终灭亡。许多组织政治是在一、二阶段上往复循环，最终可能是因其他因素导致组织解体。同

---

① 〔美〕拉扎廖夫：《前苏联政权平静解体的原因——官僚阶层主动选择的结果》，载《社会科学报》2008年3月6日第3版。

时，每一阶段并非界限明晰，它们整体上构成一个连续过程。这样，对组织政治发展程度的衡量就需要更一般的标准。为了测量组织权力负系统政治发展水平，这里提出测量的三个基本维度：普遍度、强烈度和效能度。

所谓普遍度（universal degree），是指政治行为是否存在于组织的各个层级、是否有足够的人被卷入政治漩涡。最终地，政治行为导致的冲突是否扩散到整个组织。

所谓强烈度（intense degree），是指组织政治行为是有区别的，或隐蔽或公开，或和缓或对抗，或可控或混乱，或是关键的或是常规的，或是呼吁或是颠覆等。

所谓效能度（efficiency degree），是指组织政治给组织带来的影响——是组织可以忽视它或是组织开始关注它，是改变了组织文化或是改变了组织的规则，是引起了组织变革或是加剧了组织危机，甚至是否能导致组织的崩溃。

据此，如果用 u 表示普遍度，用 i 表示强烈度，用 e 表示效能度，用 d 表示组织政治的发展程度，可以得出函数式：

$d=f(u, i, e)$

进一步依据经验可知，组织政治的发展是受到组织所有者以及参与者的共同控制的。不能将公式化的、纯逻辑的观点完全贯彻到现实中去。理解一种常态往往比过多地关注特例更有意义。因此，可以提出如下判断，这些判断更有利于将对组织政治的理解限定在某种合适的程度上。

第一，组织内的政治行为通常是在合法化形式掩护下进行的，是普遍的存在的。政治交往中的权力影响及冲突可能在组织的雇员间、团体内或团体间产生。这些矛盾并不一定寻求激化的途径，它可以表现得温和、合乎规则，会使组织中参与者感受到行为相互制约，但并不影响到组织的关键部位。

第二，政治较量可能演化为冲突。冲突可能是局部的、可控的，也可能波及整个组织系统。如果冲突的结果能影响诸多利益方的收益，且冲突不能及时化解，就必然会把更多的人卷入，于是冲突就扩散了。

第三，很少有组织能够保持一种激化的冲突状态。冲突意味着不是一个有凝聚力的组织，而是个体的自由混战。激烈的冲突消耗巨大能量，最终将威胁所有组织参与者的利益。

第四，为了持续下去，冲突最终必须在激烈程度上有所缓和。政治化的组织以渗透整个权力系统的中度冲突为特征。事实上，组织外与组织内部存在限制冲突的条件。在组织外，存在能量巨大的人力资源市场和监管者，组织功能的严重削弱会引起外部力量的反应。在组织内，组织所有者会极力地加以控制，因为组织利益已受到了明显威胁。同时，冲突参与者也明白，彼此只有稍微宽容一些，减少分歧的强烈程度，冲突才能够继续，否则他们面临被接管的风险。

第五，参与者通常能容忍中等程度的冲突。中等冲突对于有权者以及政治阶层中的一部分人来说，这是攫取更多组织剩余Ⅱ的有利时机，而维持一个防范严密、运作规范的组织对他们是不利的。对于基层参与者来说，组织冲突会使组织管理松懈，意味着他们有更多时间在组织与生活之间做安排，或者，他们也寄希望于通过呼吁改善自身利益状况。

第六，但是，只有具备某种特质的组织才能维持一种普遍的、持久的、中等程度的冲突状态。组织在冲突中投入过多精力，只有弥补这个损失才能生存下去。组织要么能持续不断地获得外部资源而得以财政支持，要么能通过在市场中享有特权地位赢得回报。

（三）组织政治的功能分析

人类愿意与现实妥协。对于组织中的政治行为，一开始更多是从消极的角度加以评价，认为政治行为是不道德的，它引起组织的各种功能的紊乱，造成组织分裂，耗尽了本应用于追求组织使命的能量，并由此导致出现各种偏离的状态。但当不得不承认组织政治无法消除时，就开始采用了一种新的视角，认为它可能是积极的，应接受它，并将之合理化，进而认为它代表着组织中各部分的相互作用，可保持组织的活力，因而要主动鼓励组织冲突。实际上，对组织政治不分青红皂白的评价没有太多的意义。

对组织政治的功能评价，必须首先弄清讨论的范畴是什么。如果政治行为是限于为反抗或消除正式权力系统的不协调，这种政治行为是为组织服务的，应该得到鼓励，尽管它带来一系列不愉快的组织体验，但它能促进组织的管理水平的升级。

对于组织权力负系统的政治功能而言，立足于组织的立场，它必然是消极的和难以接受的。

第一，降低组织效率。组织中的政治竞技场过度展现自利倾向，妨碍组织整体发展。组织政治产生的根源在于组织的控制系统不能将其统治的力量深入组织中的每个层级及每种关系中，参与者利用各种情形和资源在这些领域展开利益争夺。这种利益区别于组织利益，是个别的、局部的利益。根据前文分析，围绕政治行为实施的权力行动，要么是寄生于正式权力系统，要么是在合法形式下与正式权力系统相分离的行为，要么是在组织发生混乱时与组织权力的分庭抗礼。它无疑会增加组织内的交易成本，迟滞了组织正常运行与功能的发挥，因而有害于实现组织目标的效率。

第二，消耗组织能量。组织政治中牵涉进去的资源——人力、物力、时间等，都是应归于组织所有的。组织所有者已通过契约将组织运行所需要的人、财、物都通过购买而获得了占有、使用、获益、处置的权利，而组织负系统却是在另一个方向上使用组织资源，这是典型的"假公济私"行为。从契约伦理上看，这些政治行为是不符合契约伦理的。

第三，导致组织松懈。组织内政治行为"另类"品质，决定了它必然的策略性质，这些策略上文已有分析。它所产生的信息及传播的故事中，存在大量的与事实不符甚至歪曲的内容，必然破坏组织的统一文化与价值，使组织变得松懈和难以理解。

第四，造成人际紧张。持续的人际冲突带来个人情绪上和身心健康上的亏损。当参与者处于这样一种组织时，周围难以捉摸，行动中相互牵制，人与人的互相倾轧与勾心斗角。参与者必然陷于身心疲惫和情绪紧张之中，久而久之，就要承受身心健康的代价。

第五，丧失变革能力。组织政治行为如果不得到合理的限制，就会使组织失去自我变革的能力。组织政治的持续将会使组织中滋长出盘根错节的政治网络，这些政治网络制约组织的自我调整，使组织的自我变革要么偏离改革的初衷，要么最后流产，组织在混乱的秩序中处于停滞状态。更为严重的是，政治的竞争会使领导层最终被具有政客特质的人掌控，因为"赢者通吃"，争胜的政治人物掌握大权是必然的，这也更加重了组织变革的难度。

以外部的社会观点来看，其消极性功能也是明显的。主要表现为两个方面：

第一，组织效率的损失必然造成社会生产率的下降。社会系统并不直接组织社会生产，它靠提供结构性力量与制度模式间接地获得生产力，社会各种组织生产力的汇总最终体现为社会的生产效率。当组织政治造成单位效率下降，最终必然体现为社会生产率的流失。

第二，组织文化低的品质化必然造成社会文化的庸俗化。组织经历是个人的社会化过程最重要的环节之一，人的许多价值观以及行为模式的培养或升华是在各种组织中完成的。当组织经历带给一个人的启示是"策略决定一切"，在生活的其他场景中很难再要求他诚实守信。可以说，消极的组织文化是文明社会的"毒药"。

不过，尽管我们评价的是组织中权力负系统的功能，但也不能固守某种一贯的立场。换一种视角可以发现，组织政治也会为个人、组织以及社会带来某些间接性的正功能。

站在参与者的立场上，在负系统的权力场中进行政治较量，也许在某种既定的道德秩序里会带来一些负面感受。然而，作为一个处于在既定利益格局下的行动者，参与者考虑自身利益的实现，在一定条件下并无不妥。现代社会一方面给予了每个人行动的权利，但同时又建立了一整套结构与规范，在其中起支配作用的是权力与资本。那么，人们只能在既有的格局下为权力与资本服务，从而换来一定的报酬吗？在社会价值观的演进中，并不存在一个必然上升的历史逻辑。在大部分时期，社会价值是为既定的社会秩序服务的，组织政治行为也就暗含了某种反抗的合理性。组织政治行为维持了参与者的效能感。如果没有丝毫的反抗的余地，组织就变成一个人类难以承受的"利维坦"。组织中权力负系统的存在，可以保证一个社会具有精英与大众权力交换的场所，尽管这个场所有些"脏、乱、差"。

站在组织的立场上，组织政治行为发展到一定程度，可以促使组织直面所面临的问题，从而保持组织灵活性。如果由权力和资本统治的组织遭遇不到可以感知到的背离与反抗，组织就会盲目崇信统治者的权威，就不能适应日益变化的社会环境，从而失去了变革动力。"既得利益"是妨碍组织变革的因素，因为这种变革具有威胁性。组织变革的实践证明，即使是在合法权力模式下的必要变革，也往往需要不合法的压力的协助，非法政治行为也可能支持受合法系统限制的组织变革。长期以来组织的演变，推动力之一就是以各种面目出现的政治行为。

另外,组织政治行为可能加速一个气数已尽的组织的灭亡。社会向来尊重"丛林法则",一个组织管理不当,内部混乱,效率流失,人心思动,政治行为就可以加重这种危机。如果某个组织灭亡了,它的资源可以被社会按效率原则进行重新配置,并不一定导致社会低效率。只有当低效率的组织模式占统治地位时,社会的低效率才会发生。因此,达尔文的进化论在组织世界也应该体现,当某一组织的肌体不能抵御消极政治的侵害时,它本身就该退出这一舞台。

总之,当人为力量以政治化组织的形式将组织维持在一种普遍冲突状态时,被延长了的组织灭亡的痛苦期内的政治竞技场就会导致严重的功能紊乱。我们应该全面认识到政治竞技场在组织社会中的作用,组织中的政治可能会激怒我们,但也可能为我们服务[①]。

三、走出"囚徒困境":寻求组织政治的治理之道

"囚徒困境"指的是一类特殊博弈,在其中每个人都有不合作的占优策略,而这种选择将导致每个人的处境变得更糟。这里将组织中的这种博弈称为"组织的两难困境"或"组织陷阱"——组织中的参与博弈的各方,要么选择去追求其自身的利益,要么去寻找可能会带来潜在得益的某种合作办法。这些在组织中发生的两难困境,会迫使社会在保证个人自主与促进社会效率间做出选择。这终究令人不舒服。

(一)管理困境:组织自解的难题

从政治经济学的观点看,既然组织的产生是为了效率,那么面对种种组织陷阱,组织的努力应该是朝着提高管理效率的方向前进。

---

① 〔加拿大〕亨利·明茨伯格:《组织的政治竞技场》,载《IT经理世界》2004年11月5日,第120页。

1. 进一步理性化——强化科层的困惑。组织中权力负系统的存在，原因就在于行政控制系统不够完善，存在着一个不得不放弃产权的公共领域。当组织政治发展到一定的阶段，组织所有者就会发现，原本没有价值（相对于成本的收益所决定的价值）的组织关系，必须进行产权的界定，即通过监督控制，占有这些关系，从而避免参与其中的个人活动发展成为与组织分立的力量。因此，明晰新的产权的过程，就是行政控制扩展的过程，它又是通过表面的组织进一步理性化来实现的。组织进一步理性化必然以完善各种规则为手段。这样它必然加重组织的首尾一致、前后相继的科层逻辑。

然而，组织分析理论很早就已证明，管理者与雇员之间命令与控制式的关系产生了大量的制度性的迷茫。这仍将阻碍并削弱组织效率。首先是规范化与专业化相冲突，专业功能被官僚命令所反对，专业化却是组织生产力的主要方面之一。其次，行政权的膨胀增加了组织内正式系统运行中的交易成本，在组织中产生了倦怠、无效、刻板的等级制度，官僚主义者日益倚仗其生存。第三，更糟糕的是，这会让雇员更坚定在"惰性区域"内工作。"死抠规章进行怠工"常常被看作故意破坏一个组织的最厉害的办法。[②] 在严格控制的组织环境中，许多雇员被培养出了不成熟的人格，更愿意接受命令，更愿意接受自己像孩子般被人对待的现实，以此换来对负责的摆脱和更小的压力。他们愿意盲目地遵从等级权威，并在上司面前保持沉默以换取在职场上的安全。

在组织理论的花园里，散落了许多奇思妙想的花瓣，官僚主义的管理者和略显过时的等级体制以它们为伪装。但被等级、官僚、专制者窒息和压抑的组织中，仍然是每个人都被管理，每个人也都反对被别人管理。

2. 体制收编——分权中的吊诡。尽管在加总相互冲突的个人偏好手段上专制理性化有其技术上的优势，但仍不得不面对组织僵化问题，旧问题转换成了新问题。于是在管理模式上，出现了一种分权趋势。对此，许多管理评论都认为这针对的是集权的弊端，但它也是解决权力负系统分立的一种方式。通过建立分权模式，使隐藏于组织中的分散的次权力中心浮现

---

② 〔美〕罗杰·弗朗茨：《X效率：理论、论据和运用》，费方域译，上海译文出版社1993年版，第86页。

出来，让负系统中的部分权力合法化，对它进行"收编"，赋予其参与决策的机会，将局部的、个人的偏好融入组织运行中。

分权模式隐含着理想化目的——分权模型也是对分散偏好加总的方法之一。但这一模式忽略了这样一种可能：在给定情况下，当把决策与执行责任下放，为换得合作与有效执行，权力中心必须付出代价——一定程度上不得不服从下属的愿望。突然间，上下级之间又开始公开地讨价还价了。森吊诡清楚表明，任何一个组织，只要把决策权赋予一个以上的子单元，总会有一些个人偏好集要求只能在帕累托最优和可传递性之间选一个，要么将承受选择不一致之苦，要么将导致一些低效率个人偏好组合。③因为分权模型没有明确涉及剩余分享问题，分得了剩余控制权，可能意味着更多的责任，但没有确定的利益回报。

3. 相容激励——守信难题。如果组织想在授权中解决帕累托最优和个人偏好的可传递性之间的矛盾困局，保证效率实现，它只有通过操纵个人偏好才能做到，相容激励是操纵的手段之一。相容激励把个人贡献与个人收益相联系，通过奖励雇员，使雇员的最大化与组织效率结合在一起。

这种方式其实也存在内在的两难困境。米勒分析团队生产与激励的内部结构后认为，这种分配方式存在着对剩余所有者事后毁约的激励。鼓励团队成员把他们的共同剩余最大化的激励，与为了达到减去对成员的激励报酬之后剩余净利润最大化所要选择的激励制度，显然不是一回事。任何所有者一定会发现，对团队成员有效率的激励制度，并不是能使剩余利润最大化的制度。因此他可能会鼓励"卸责"从而毁约，而不是守信。

在组织中，所有者与管理者处于主动行使权力的有利位置，因而他们具备毁约的便利条件。前面曾提到的研究案例，分析的就是有权者的毁约行为。在苏联的政治生活中，形成了政治家、官僚队伍与积极分子共同利益体。这一共同体暗含积极分子与统治官僚交换的隐性契约为双方提供了参与激励。积极分子拥有达到高于平均收入水平的机会；由于积极分子的监督服务使大众更加努力地工作，官僚们租金的收入也得到了提高。这个

---

③ 〔美〕盖瑞·J. 米勒：《管理困境——科层的政治经济学》，王勇等译，上海三联书店、上海人民出版社2002年版，第125页。

交易的效率是劳动大众与官僚阶层间收入差距的函数，函数值越大，官僚和积极分子拥护政治家的寡头统治的动力越大。但是，在缺乏对政权极端威胁的情况下，寡头政治不能遏制在职者任期的增加，最终该契约既不利于潜在的知识分子也不利于官僚们。这一政治联盟的破裂，最终导致了苏联政权的解体。④ 效率的最大化与剩余的最大化并不是一回事，这就是得出的结论。

4. 合作——不确定的未来。现代管理学倡导合作的组织行为，它的哲学基础是"只有合作才能共同赢得未来"。实际上，合作不是一种独立的管理模式，而是一种组织文化。在以上分析中，多种破解两难困境的思路，都因各方不能合作而可能陷入新的"陷阱"，如果有了合作的文化，组织中的许多管理难题便可迎刃而解。在尝试了多种失败后，人们发现，真实最有效的方法仍是寻求合作之路。当然，在寻找合作的道路上，合作就不仅是一种文化，主要应是一种制度安排。这时，合作的制度又需要合作的文化提供保证。这不是理论逻辑上的自我循环，而是管理哲学的一种自我复归。

在各种现代管理模式中，高度参与模式有效吗？处于权力者一方的管理者是关键，用博弈的方法分析，只有领导承诺守信，合作才不会被破坏。管理者最可信的承诺是建立硬约束的制度方法，用对管理者追求自私行为的永久性约束来换取长期合作。在最有效的组织中建立可信合作承诺的最有效途径是对产权制度做永久改变，这个改变给予参与者信心投身于组织业绩中去。高度参与的管理模式包括雇员参与中心决策和赋予员工以产权，如员工持股计划等。

但是，处于组织中的有权者如何才能保证制度不改变？因为管理者总有毁约的冲动，组织文化是可变的，某个时期可以盛行合作文化，而当组织运行环境、组织任务、组织领导层等方面发生了改变，就难以保证合作的组织文化得以坚守。组织的不确定性意味着合作的不确定性。当人们认识到这一点后，在博弈中的占优策略仍是不合作。

---

④ 〔美〕拉扎廖夫：《前苏联政权平静解体的原因——官僚阶层主动选择的结果》，《社会科学报》2008 年 3 月 6 日。

就组织本身来说，组织是多种目标和多种利益的综合体。把组织作为一个功能性社会单位，它的主要目标是效率；把组织作为一个资本的统治体，它的主要目标是获取利润；把组织作为参与者实现利益的领域，它的主要目标是较多报酬和自由发展环境。然而，组织的复杂权力系统使这些目标难以共生一体。

（二）公民责任：从组织到社会

组织是自我运行的独立王国吗？答案显然是否定的。

一般而言，无论人们在价值信仰上存在何种差异，在适当的伦理范围内，不会有人反对在组织与社会之间建立积极关系。当组织自身沉陷于政治的纠结时，我们理应超越组织本身，以社会流行的价值，指导对问题的解决。日益兴起的社会责任概念，反映了社会对组织治理变革的欲求。

当然，由于社会价值的多元性，使人们对组织社会责任判断问题上也存在着分歧，在具体所指、社会技术方法以及制度安排等方面都有不同，甚至相左。总体上，目前对组织社会责任的合意性认识，在价值谱系上构成了由一端向另一端变化的连续体。

最激进的观点（a）以社会本位为价值基础，表现为对组织公民的乌托邦诉求——社会情感与公共责任应替代组织的成本——利润底线，或者说社会目标应取代经济目标。例如，《管理的终结》一书就在很大程度上反映了这种激进的组织发展计划。⑤

在其相对的另一极观点（b）的代表者是原教旨的自由主义者，他们坚持对资本的正当性进行绝对的道德守护。这一思想的历史渊源久远。历史上，例如，洛克曾用"天赋人权"的宗教般情怀论证了私人财产权是一切个人权利和自由的基础，而斯密也在阐述其古典政治经济学过程中表现出对自由市场的崇拜，他们的政治与社会哲学中蕴含着排斥资本负载不当社会义务的判断。当代自由主义的旨趣向古典回归。新制度主义者发现了

---

⑤ 〔美〕肯尼思·克洛克、琼·戈德史密斯：《管理的终结》，王宏伟译，中信出版社2004年版。

组织政治的逻辑：一种政治经济学的分析框架

"有效率的组织需要在制度上做出安排和确立所有权以便造成一种机制，将个人的经济努力变成私人收益率接近社会收益率"这一规律。戴维斯曾总结反对工商界接受社会责任的观点为："作为股东的受托者，公司管理人员应使对股东的回报最优化；社会纠纷代价高昂，而且会淡化企业基本的经济目的；不应该加给商界那些它既难以实施又难以承担的责任。"⑥ 应认识到，自由主义者也有最起码的社会责任担当，从而与社会达尔文主义者保持着距离，他们寻求的社会治理的基本进路与前提，是认为充分权利将使最大化的实现能客观上促进公共利益最大化。

在以上对立观点的中间位置上，分别是两种温和的折衷主义的思想。其中，偏右的观点（c）赞同把卷入社会问题只作为组织目标的一个部分，但不能指望组织为此去做某些事情，而应把它们留给能够更好地承担那些责任的其他人。管理学家安索夫对组织的"目标"与"责任"做了区分：效率和利润目标应给管理者以控制组织的指导，社会目标只对管理者的行为产生轻微而有限的影响。⑦ 彼得·德鲁克的早期观点也认为，管理者必须首先从经济上考虑问题，并且只有通过所产生的经济成果才能证明其存在的合法性。他还认识到，管理决策有可能产生非经济后果，比如对社区环境的改善，但这些只不过是强调经济业绩的副产品。⑧ 安索夫和德鲁克的共识是，效率成果是第一位的，只有在基本目标达到之后，才能追求社会目标。虽然"利益相关者"概念的流行被证明对理解处于变动的经济、社会、政治环境中的组织有所裨益，但问题在于，如何确定谁是最基本的根据权利提出要求的人，谁是第二位的？因为自由社会中的公共政策议题大都是由存在着利益差别与冲突的各种团体——劳工组织、慈善组织、宗教团体、人权组织、环境保护团体等——所提出，组织在这样复杂的环境中可能就如谚语中的"风箱中的老鼠"一样处于"选择性瘫痪"状态，使

---

⑥ 参见丹尼尔·A. 雷恩：《管理思想的演变》，李柱流等译，中国社会科学出版社1997年版，第481页。

⑦ 参见丹尼尔·A. 雷恩：《管理思想的演变》，李柱流等译，中国社会科学出版社1997年版，第302页。

⑧ 参见丹尼尔·A. 雷恩：《管理思想的演变》，李柱流等译，中国社会科学出版社1997年版，第278页。

之没有能力进而也无需对社会责任做出实质性回应。他们已觉察到了社会与组织之间关系的症结之所在，但无法确定如何行动。

较积极的观点（d）认为，组织深深地体现在人与人之间的信赖与关心之中，它一直是寻求超越法律界限的道德行为准则的组成部分。管理的系统学派认为，组织与社会之间存在一种动态的相互作用。每一个组织都是更为广大的社会文化系统中的一个分支单位。各组织使用由环境所提供的资源，并且被赋予一定的自主权去完成各自的目标，但它们都受制于满足更广阔社会需要的要求。各组织都必须在由社会所确立的总的意识形态和价值观的支配下进行活动。他们不是被动的，同时又可以改变社会价值观。从系统观点出发，阿奇·卡罗尔把经济组织的责任划分为四大类：经济的、法律的、伦理的、慈善的⑨，并认为这些责任既不相互排斥也非可相加，只是提醒我们每一范畴都可能交叉或相互影响。卡斯特和罗森茨韦克从14个方面概括了传统资本主义伦理向当代资本主义伦理的转变，并发现这一转变正深深地影响着组织文化的演进，向组织提出了虽没有具体标准却又十分明确的要求⑩：（1）重视社会协作，重视社团、群体参与和责任，以及对个人福利影响的社会伦理的成长；（2）社会期望组织考虑解决更广泛的生活质量问题，组织应从人的满足感及人类长远利益方面，认识专业化的限度，认识科学技术的局限性以及控制技术应用的必要性；（3）组织被视为社会治理机构之一，应该对许多利益集团与社会力量做出反应，在满足多种目标过程中，根据利润和其他社会效果指标测定组织的工作成绩；（4）组织的全部重点不能如过去那样放在效率上，而应放在效能、效率和职工满足感的均衡发展上。

对待以上各种观点，不能采取简单取舍的态度，它们各有合理的思想基础。争论的焦点可能在于：什么理由使人们承担责任，同时也包括了责任的性质和深度。德国哲学家路德格尔·海德布林克总结了近来国际学术

---

⑨ 〔美〕阿奇·卡罗尔、安·巴克霍尔茨：《企业与社会》，黄煜平等译，机械工业出版社2004年版，第23页。

⑩ 〔美〕弗里蒙特·E. 卡斯特、詹姆斯·E. 罗森茨韦克：《组织与管理》，李柱流等译，中国社会科学出版社1985年版，第51—52页。

界讨论责任起源时的四种观点[①]：一是响应说。它超主观地通过求助于各种形而上学的、神学的或本体论的观点确立责任要求，其不可证明性根源于情感、权威、历史及文化所积淀的传统之中，这种责任感对人的潜在影响是通过无以言说的社会情绪表达出来的，准则的效力与主观思考并没有联系，但它能够明确展示道德行为中的个人奉献、客观要求和社会约束等因素。二是传播说。这种观点认为，责任的形成是通过交互传播和运用责任范畴来使个人具备必要的道德能力的。承担责任并不等于接受适用性要求，而是意味着对生活实践抱着一种谅解态度，它表现为情感联系、分享的价值观和文化特性。三是相关说。按照这种观点，责任是根据问题的具体背景和关系而以不同的类型发挥作用的，这些类型包括：与相应的后果和疏忽相联系的社会责任；关系到行为人社会或组织地位的角色/使命责任；在天然伦理方面由个人或集体承担的一般道德责任；与罪孽和赔偿问题相关的法律责任。这是一种按一定的判据将责任人（是谁）同一个领域（为何）和一个机构（对谁）联系起来的做法。四是理性说。它涉及一种交换公正的扩大形式，并基于理性行为人的自身利益。鉴于这种分配型的智慧道德能成为伦理道德的补充，因而它能实现相互间的优势互换。

这里无意加入对责任起源争论的"学术公案"之中，因为现实中要做的不应是扩大分歧，而是要认识到人们都有共同的良好诉求，都有建立和谐社会关系的愿望。这是各种观念间交流沟通，进而达成最起码的社会一致的基础。客观来看，对人生意义和幸福的目的论证明（响应说、传播说、相关说——观点 a、d），基于自身利益之上的援手准备和乐善好施（相关说、理性说——观点 c、d），对原始契约非公正性的必要救济（理性说——观点 b），所有这些方面都共存于社会价值中。同时，责任或社会责任的指向都有内外两个维度，人们不但需要内省的道德担当，同时也期望社会的共同行动。在后者的意义上，如果脱离开社会环境，各观点都强调自身的正当性，最后反而会使共同的良好风愿无法实现。其实，各种对社会责任的理解可以在形式与内容上相互接受，从而形成能包括多样性但又非同质化的镶嵌细致的社会价值系统：阐释社会责任的历史文化传统与价

---

① 李兆雄：《责任概念四说》，载《社会科学报》2002 年 7 月 11 日。

值是一种不可消弭的社会风格与集体记忆，它散布在一切对利益的考量之中；基于自利的理性思考的责任意识更能在理解和自愿的基础上考虑外部利益；责任感的社会化是社会期望的传播；传播过程中，由于各种活动的基本目标及相互关联性程度的差别，在不同领域里会有不同的责任关注，但这种相关性不是静止的，人类活动的关联度愈高，就愈可能超越纯粹理性的测度及相关性的局限，进而产生一般意义上的社会责任。

如果注意结合组织当下的社会环境，前述对于组织社会责任理解的四种观点中，应该是 d 观点更具有包容性、动态性、现实性。它要求组织对现实做出回应，利用美好的共识，三思而后行，并运用人类独一无二的能力去思考某一行为可能的后果。或者说，更好一点，在公众面前成为行为的模范。但维持一个包含不同亚文化的镶嵌细致的社会心理系统是困难的。把具有不同价值观和生活作风的人和群体的活动和利益结合起来，对组织管理者及公共管理者的技艺都将是一种考验。

（三）外部干预：从微观政治到宏观政治

组织自身面临着难以自我排解的难题，社会也在呼吁新的组织形象，问题的接力棒开始传递给了宏观政治领域。

探讨"囚徒困境"的解决办法时发现，所有类似的博弈的共同特征是：如果某个人能迫使每个博弈方不去采取那种诱人的选择，那么双方都会改善处境。组织的产生是对市场博弈中的囚徒困境的解决，而组织内的囚徒困境也有解决之道：如果有一种力量能使各方都不能选择一种占优策略，通过合作，将使组织运行取得最有效率的结果。这一力量显然不是来自于组织，它应该来自于外部，即来自于公共权威部门——国家。诺思认为，国家是最有力量对产权进行界定的，因为国家具有"暴力潜能"。但国家对产权的界定是有价值取向的。就现代国家而言，其价值取向有两个：一个是保证公民自由权利平等发展，另一个是促进社会发展的效率。

平等的人的自由权利是一个宪政意义上的概念，具有公共取向。它既要求个人权利能够充分行使，又要求每个人的自由以其他人的自由为条件。这就要求一种正义的宪政设计对普遍的权利加以保证。在这一问题上，罗尔斯提出了"理想的理论"。他认为，政治正义应接受一般的正义观，即所有的社会基本价值——自由和机会、收入和财富、自尊的基础——都要平等地分配，除非对其中一种或所有价值的一种不平等分配合乎每个人的利益。进而，罗尔斯这一正义观结合着两项正义原则。第一个正义原则——每个人对与所有人所拥有的最广泛平等的基本自由体系相容的类似自由体系都应有一种平等的权利（平等自由原则）。第二个正义原则——社会和经济的不平等应该这样安排，使它们：（1）在与正义的储存原则一致的情况下，适合于最少受惠者的最大利益，并且，（2）依系于在机会平等的条件下职务和地位向所有人开放。在处理"在非理想情况中的应用时"，应该做到自由的优先性以及正义对效率和福利的优先。[12] 这样，罗尔斯的第一项原则就确定了一个自由民主的政治秩序中公民的基本权利。它绝对优先于第二项原则——如果背离第一项原则所要求的平等的自由权体制，就不能用较大的社会和经济优惠来为之辩护或予以补偿。但一些保守主义者批评罗尔斯的观点认为，对平等权利的保障会损害社会效率，而最终使各方利益丧失、权利难以保证。

其实，效率取向在某种既定情形下并不以削弱资本的自由权利的实现为代价。在国家化解组织管理中的两难困境时，就存在一个最优解——双方的合作。如果政府能够促成合作，社会效率得以提高，双方的利益也会得以充分保障，社会平等与效率之间就能求得更高层次的均衡。我们并非泛文化论者，这里寻求的是一种公共政治促成合作的制度设计，核心内容是通过对博弈各方产权的重新界定，形成新的权力格局。这种格局中的权力相互制约，当双方都认识到合作是必需的时候，它能保证合作得以实现。

要接受并促进这种组织变革，需要对传统的组织权力概念进行更新。契约组织的权力本质是建立在权利的自由交换的基础上的，但这一自由的状态受既有的社会结构的制约，它根本上是基于资本或权力的效率需求，以一定的利益换取了组织内的行政控制权力。根据契约伦理以及个人主义的自由观，这种权力是正当的。可是，关于人力资本的不完全契约又造成

---

[12] 〔美〕约翰·罗尔斯：《正义论》，何怀宏等译，中国社会科学出版社1988年版，第302—303页。

了权力的分立与对抗，并以组织效率的损失和病态的文化为代价，实质上是在自发的权力秩序中剥夺了组织的权力，侵害了人类自由发展的重要领域。国家介入组织，是为了促进社会共同利益以及组织共同体利益的实现，不可避免或主要地要对组织内的各方产权进行重新界定，这对传统的自由主义权利与权力观构成了威胁。

国家对组织内产权的界定的第一个方面，首先是要对所有者放弃于组织中的公共领域的产权进行界定，使它由无主财产变成组织所有的产权，使广泛存在于各种未定关系中的权力负系统上升为正式的权力系统，即保证这些负系统中的权力有机融入组织权力结构图中。原来负系统中的权力被个人或团体不合法拥有和使用，而现在它可以公开地存在，受组织的指导。实际上，这是赋予了组织各方参与者对组织的产权，即组织的剩余控制权。

第二个方面，从组织剩余控制权的完整性来说，将其赋予新主体，就要对组织所有者的剩余控制权进行分解。权力关系是交互的、相互制约的，在权力结构中，改善了一方的地位，也就创造了制约另一方的条件。原来的剩余控制权是完整地属于所有者及其合法的代理人，现在国家又制造了另一个权力主体，虽然这一主体的权力结合进了组织权力，但从来源上是取得了国家法律保护的，这就在与所有者进行权力交互时引进了外部力量的保护，从而也缩小了所有者原有的剩余控制权。

第三个方面，产权与收益是统一的，国家法律创设了新的合法的剩余控制权主体，必然在组织剩余分享中采取新的相容激励的方案，否则，参与者的收益没有增加，就不可避免地仍选择"卸责"。在企业组织的剩余分配中，通过推广 R_1 的分配模式，使所有者、经营者以及雇员共享剩余。在公共组织及社会组织中，由于剩余的特殊形式及意义，参与者不可能直接参与组织剩余 I 的分配。这时需要引入特殊的激励，使个人的人力资本的"租金"与组织绩效挂钩。其实，这也是一种剩余分享，只不过不具有组织剩余的直接形态。可以判断，公共机构与社会组织机构的绩效的提高，也必然增加主权者以及俱乐部成员的"租金"收益，它们通过一定的政治程序，也可以划出一部分已经实现了某种转化的租金，对机构成员进行奖励，也是间接地引入了共享剩余的机制。不过，这都会不同程度地涉及到更多的政治审查。

第四个方面，通过对组织的社会公民身份的确认，限制组织的完整权力。不再把组织作为一个自运行的独立王国，或者说，不再允许组织作为一个自发的自我治理的社会单元，要求组织承担效率之外的社会责任。在组织之外建立一个司法体系，设定组织各方的权利及行为规范的标准，对组织进行司法监管。当组织中发生某种新的权力失衡而产生权力压迫与利益剥夺时，司法干预加以纠正；在组织中出现新两难困境时，司法机构根据法的原则，对组织加以指导。

国家对市场的干预现在已经被广为接受，而对组织领域的干预还没有形成系统的机制，至少不是普遍的做法。一百多年前，马克思就宣布了资本主义的灭亡。近代以来，资本剥削与劳动反抗的社会斗争首先是在组织领域累积起来，所谓阶级剥削没有经过社会组织的环节是难以实现的。马克思设想的社会革命的逻辑是，首先实行阶级斗争，然后纠正资本主义条件下的劳动异化问题。在资本仍然具有生产力的现实条件下，可以寻求一条与马克思相反的路线：先进行组织革新，使各方都具有行动的能力，在改善组织内部权力结构的基础上，实现某种程度的社会和解。

19世纪末20世纪初，"工业民主"发展成为一种影响组织管理的政治学方法——工会的兴起及其与管理层的合作、工厂内基层员工的各种管理参与等等。这些初始方法随着关于"企业公民"法律约束的建立而深入发展，从而改变了现代公司的治理结构。例如，德国公司治理中的共同决策制度就非常有代表性。根据德国1976年颁布的共同决策法，在不同的公司规模中，工人和工会拥有公司监事会中三分之一或一半的投票权，从而使雇员以在监事会中获得席位的形式合法地分配到所有的公司决策的控制权。除劳工力量进入监事会外，德国公司法还规定工人委员会也拥有制约管理层的权力，即公司的管理决策，或要求工人委员会的同意，或通过成功的协调使决策生效。为保证工人委员会的共同决策权能真正得以落实，法律还建立了决策的协作权力，即要求工人委员会必须被告知相关的重大决策，否则将导致管理层所采取的决策失效。工人委员会拥有知情权、咨询权及自治管理权。[13] 在这一历史过程中，资本主义世界的面貌也悄然发生改变。由于对组织剩余的分享的模型也在发生改变，私人资本逐渐转向社会资本，自由资本主义日益向社会资本主义过渡。

四、小结

　　理想合作机制是可取的。一旦开始，它将成为一台永动机，社会可以利用这一引擎悄然滑向未来，到达社会公平与效率完美实现的终点。

　　也许这是一个乌托邦式的设想。发生于19世纪末的所谓"工业民主"一直到今天还只是在远处向我们招手。关于效率与公平的争论似乎用当代人的智慧还难以解决，所谓的理想方案往往融化不了现实社会坚固的权力结构，组织还在生产着效率，保证了资本与权力对社会剩余的占有。到底哪一天社会效率将不能支撑社会发展，似乎并不是人们所能判断的。组织变革的未来捉摸不定。

　　但是，乌托邦之虚也有可能化解社会之实。后工业时代，人力资源价值的上升，以及社会民主与文明呈现的新景象，似乎预示着社会变革的前景。斯科特·拉什和约翰·厄里认为，重新组建的新模式，似乎不可避免地导向一个21世纪的历程。"非组织化资本主义"将是这样一个世界，组织化资本主义的"固定的、快速冻结的关系"被彻底清除。社会正在从上、从下、从内部进行转变，所有关于组织化资本主义、阶段、工业、城市、集体性、民族国家的牢固点，甚至词语本身都在空气中消失了。[14]

　　我们并不会为此欣喜若狂，因为组织化资本主义的终结应该比可欲的组织变革更难期待。

---

[13]〔德〕霍斯特·西伯特：《德国公司治理中的共同决策》，载《国外理论动态》2006年第6期，第33—35页。

[14]〔美〕斯科特·拉什、约翰·厄里：《组织化资本主义的终结》，征庚圣等译，江苏人民出版社2001年版，第409—410页。

余 论

在许多组织理论将组织政治作为一个当然存在进行研究时,我们转入社会的以及组织的内部结构中去,探究组织政治产生与发展的内在逻辑。这不但能为理解组织政治提供一个相对一致的基础,还能够通过深入到已经被解剖的组织政治结构与过程中,发现组织政治问题的由来及其症结所在,为组织治理寻求有效途径。

这里勾勒出的组织政治的逻辑框架是完整的,它坚持了某种一致的理论假设,遵循了一条首尾相连的分析路径,标明了分析内容的理论边界。同时,这一逻辑框架也具有某种程度的有用性,它的假设尽可能耦合现代社会关系的事实,它的方法机理也尽可能反映社会的真实运行机制,它利用了较为成熟的新制度主义理论模型,通过新概念厘清了问题的内部秩序,对面临的问题也提出了解决之道。

但是,联系到生动的现实,研究中也遇到了难以排解的困扰。这些困扰主要表现在对两个更深层次问题的思考上。第一是经济学方法的普适性问题。尽管经济学帝国已经形成,但经济学究竟应在理论上进行多少扩展,其概念与逻辑才能在更广阔的社会领域里畅通无阻,这是一个要求自我求证的问题。贝克尔把许多典型的人类行为纳入到了经济学视界中[15],本研究也是深受启发后的一种尝试。虽然研究中体会到了新理论视角的独特魅力,但仍只能持谨慎的乐观。第二个问题涉及组织的公共治理途径的可行性。本书简单地提到了公共治理的两个老生常谈的宪政原则,但这两

---

[15] 〔美〕加里·贝克尔:《人类行为的经济分析》,王业宇译,上海三联书店、上海人民出版社2003年版。

个宪政原则在适用于具体问题时并不能驾轻就熟,因为它涉及公民的具体权利的变更,涉及现存的政治框架价值取向的变化。如果要在社会革命和组织的革新中任选其一的话,本研究还是倾向于后者,但是对于如何促成"组织民主"的社会条件的成熟,仍感信心不足。以上问题可能超出了组织理论本身,但是它们是进一步思考时必须被认真对待的。

另外,就这一研究本身来说,所涉及的一些重要方面也需要向深度开掘。首先,研究中把各种组织进行了抽象化处理,概括出的组织政治的逻辑是粗线条的。结合不同的组织类型与组织背景,组织政治的逻辑必然会有各自独特的表现形式,而这里尽可能忽略了对象间的区别。那么,从研究的针对性需要出发,对不同组织中的政治逻辑进行分别考察应是下一步的重点工作之一。其次,研究中对组织内的政治过程的分析还不够系统,只是重点分析了某些方面,其中缺失的某些部分可能对全面理解组织政治是至关重要的。另外,研究中还有意省略了组织内两种秩序间互相作用的问题。虽然认为一些理论已经进行了混合式研究,但这里提出的两种秩序与那些研究有明显区别,因此集中的考察也是十分重要的,但由于资料储备以及精力有限,只能将这一问题置于下一步的研究计划中。

复观全书,研究实现了主要目标,但对于由此引申出的一些其他问题还有待进一步深入下去。不过,这将不会明显地降低本研究的价值。特别是,在组织化社会中,存在着大量的组织治理的需求,政治学以及公共管理学涉足这一领域,从政治分析的视角,理解组织,并努力满足这些需求,本身就是一项十分有意义的事业。

参考文献

中文部分：

1. 〔美〕W. 理查德·斯科特：《组织理论》，黄洋等译，华夏出版社2002年版。
2. 〔美〕丹尼斯·J. 帕隆博：《组织理论与政治学》，载格林斯坦、波尔斯比：《政治学手册精选》，储复耕译，商务印书馆1996年版。
3. 〔美〕罗杰·弗朗茨：《X效率：理论、论据和应用》，费方域等译，上海译文出版社1993年版。
4. 〔意〕罗伯特·米歇尔斯：《寡头统治铁律》，任军锋译，天津人民出版社2003年版。
5. 〔美〕D. S. 皮尤：《组织理论精萃》，彭和平译，中国人民大学出版社1990年版。
6. 〔德〕马克斯·韦伯：《经济与社会》（上册），林荣远译，商务印书馆1998年版。
7. 〔美〕理查德·H. 霍尔：《组织：结构、过程及结果》，张友星等译，上海财经大学出版社2003年版。
8. 黄健荣、杨占营：《新公共管理批判及公共管理的价值根源》，载《中国行政管理》2004年第2期。
9. 〔美〕阿尔温·托夫勒：《第三次浪潮》，朱志焱、潘琪、张焱译，生活·读书·新知三联书店1983年版。
10. 朱国云：《组织理论：历史与流派》，南京大学出版社1997年版。
11. 黄小勇：《现代化进程中的官僚制》，黑龙江人民出版社2003年版。

12. 彭和平：《国外公共行政理论精选》，中央编译出版社 1997 年版。

13. 竹立家：《国外组织理论精选》，中央编译出版社 1997 年版。

14. 〔法〕莫里斯·迪韦尔热：《政治社会学——政治学要素》，杨祖功、王大尔译，华夏出版社 1987 年版。

15. 〔希〕亚里士多德：《政治学》，吴寿彭译，商务印书馆 1981 年版。

16. 〔美〕罗伯特·达尔：《现代政治分析》，王沪宁等译，上海译文出版社 1987 年版。

17. 〔美〕哈罗德·D. 拉斯韦尔：《政治学：谁得到什么，何时和如何得到》，杨裕昌译，商务印书馆 1992 年版。

18. 罗珉：《后现代管理理论辨析》，《管理科学》2005 年第 2 期。

19. 〔美〕安东尼·奥罗姆：《政治社会学》，张华青、孙嘉明译，上海人民出版社 1989 年版。

20. 〔法〕菲利普·柯尔库夫：《新社会学》，钱翰译，社会科学文献出版社 2000 年版。

21. 周雪光：《组织社会学十讲》，社会科学文献出版社 2003 年版。

22. 李友梅：《组织社会学及其决策分析》，上海大学出版社 2001 年版。

23. 〔法〕涂尔干：《社会学方法的准则》，狄玉明等译，商务印书馆 1995 年版。

24. 〔法〕彼得·布劳、马歇尔·梅耶：《现代社会中的科层制》，马戎译，学林出版社 2001 年版。

25. 〔美〕丹尼尔·A. 雷恩：《管理思想的演变》，李柱流等译，中国社会科学出版社 1997 年版。

26. 〔德〕马克斯·韦伯：《新教伦理与资本主义精神》，于晓、陈维刚译，生活·读书·新知三联书店 1987 年版。

27. 〔美〕卡斯特、罗森茨韦克：《组织与管理：系统方法和权变方法》，李柱流等译，中国社会科学出版社 1985 年版。

28. 〔法〕克罗戴特·拉法耶：《组织社会学》，安延译，社会科学文献出版社 2000 年版。

29. 关培兰：《组织行为学》，武汉大学出版社 2001 年版。

30. 〔美〕凯瑟琳·米勒：《组织传播学》，袁军等译，华夏出版社 2000 年版。

31. 〔美〕切斯特·巴纳德：《经理人员的职能》，孙耀军译，中国社会科学出版社1997年版。
32. 〔美〕文森特·奥斯特罗姆：《美国公共行政的思想危机》，毛寿龙译，上海三联书店1999年版。
33. 赵曙明：《人力资源管理研究》，中国人民大学出版社2001年版。
34. 〔德〕卡尔·马克思：《1844年经济学—哲学手稿》，人民出版社1979年版。
35. 〔美〕S. N. 艾森斯塔特：《反思现代性·导言》，载《国外理论动态》2006年第4期。
36. 〔德〕斐迪南·滕尼斯：《共同体与社会》，林荣远译，商务印书馆1999年版。
37. 费孝通：《乡土中国·生育制度》，北京大学出版社1998年版。
38. 卜长莉：《"差序格局"的理论诠释及现代内涵》，《社会研究》2003年第1期。
39. 张岱年：《中国文化概论》，北京师范大学出版社2004年版。
40. 张凤阳：《现代性的谱系》，南京大学出版社2004年版。
41. 全增嘏：《西方哲学史》（上册），上海人民出版社1983年版。
42. 〔美〕道格拉斯·诺思：《西方世界的兴起》，厉以平译，华夏出版社1999年版。
43. 杨桢：《英美契约法论》，北京大学出版社1997年版。
44. 〔英〕迈克尔·莱斯诺夫：《社会契约论》，刘训练译，江苏人民出版社2005年版。
45. 〔美〕T. 帕森斯：《现代社会的结构与过程》，梁向阳译，光明日报出版社988年版。
46. 盛洪：《现代制度经济学》（上），北京大学出版社2003年版。
47. 〔美〕加里·贝克尔：《人类行为的经济分析》，王业宇译，上海三联书店、上海人民出版社2003年版。
48. 杨占营：《公民社会产生与发展的内部逻辑——关于社会自组织行为的思考》，《江苏社会科学》2005年第2期。
49. 〔美〕丹尼斯·缪勒：《公共选择理论》，张军译，上海三联书店、上海人民出版社1992年版。

50. 〔美〕道格拉斯·诺思：《经济史中的结构与变迁》，陈郁等译，上海三联书店、上海人民出版社 2002 年版。

51. 〔美〕曼瑟尔·奥尔森：《集体行动的逻辑》，陈郁、郭宇峰、李崇新译，上海三联书店、上海人民出版社 1995 年版。

52. 〔美〕丹尼斯·朗：《权力论》，陆震纶译，中国社会科学出版社 2001 年版。

53. 何怀远：《领导思想方法论》，解放军出版社 2001 年版。

54. 〔美〕罗德里克·马丁：《权力社会学》，丰子义、张宁译，生活·读书·新知三联书店 1992 年版。

55. 〔美〕罗伯特·达尔：《现代政治分析》，王沪宁等译，上海译文出版社 1987 年版。

56. 〔法〕米歇尔·克罗齐埃：《被封闭的社会》，狄玉明、刘培龙译，商务印书馆 1989 年版。

57. 〔美〕斯蒂芬·P. 罗宾斯：《组织行为学》，孙健敏等译，中国人民大学出版社 1997 年版。

58. 〔法〕福柯：《规训与惩罚》，刘北成、杨远婴译，生活·读书·新知三联书店 1999 年版。

59. 〔美〕肯尼斯·加尔布雷思：《权力的分析》，陶远华等译，河北人民出版社 1988 年版。

60. 〔英〕安东尼·吉登斯：《社会的构成》，李康、李猛译，生活·读书·新知三联书店 1998 年版。

61. 〔美〕詹姆斯·马奇、马丁·舒尔茨、周雪光：《规则的动态演变》，童根兴译，世纪出版集团、上海人民出版社 2005 年版。

62. 〔法〕卢梭：《社会契约论》，何兆武译，商务印书馆 1982 年版。

63. 〔美〕杰伊·M. 谢夫利兹：《政府人事管理》，彭和平等译，中央编译出版社 1997 年版。

64. 〔美〕西奥多·W. 舒尔茨：《人力资本——人口质量经济学》，贾湛等译，华夏出版社 1990 年版。

65. 〔美〕麦克沙恩、格里诺：《组织行为学》，井润田等译，机械工业出版社 2007 年版。

66. 〔美〕斯科特·拉什、约翰·厄里：《组织化资本主义的终结》，征庚圣等译，江苏人民出版社2001年版。

67. 《马克思恩格斯文集》（第五卷），人民出版社2009年版。

68. 〔英〕约翰·伊特韦尔等：《新帕尔格雷夫经济学大辞典》（第1卷），陈岱孙主编译，经济科学出版社1996年版。

69. 杨瑞龙、杨其静：《专用性、专有性与企业制度》，《经济学研究》2001年第3期。

70. 谢德仁：《企业剩余索取权》，上海三联书店、上海人民出版社2001年版。

71. 〔美〕海尔·G. 瑞尼：《理解和管理公共组织》，王孙禺等译，清华大学出版社2002年版。

72. 〔美〕Y. 巴泽尔：《产权的经济分析》，费方域、段毅才译，上海三联书店、上海人民出版社2003年版。

73. 〔法〕米歇尔·克罗齐埃：《科层现象》，刘汉全译，上海人民出版社2002年版。

74. 〔捷〕奥塔·锡克：《经济—利益—政治》，王福民等译，中国社会科学出版社1984年版。

75. 〔美〕拉雷·N. 格斯顿：《公共政策的制定——程序和原理》，朱子文译，重庆出版社2001年版。

76. 胡锦涛：《努力把贯彻落实科学发展观提高到新水平》，《求是》2009年第1期。

77. 〔美〕布莱克、穆顿：《新管理方格》，孔令济等译，中国社会科学出版社1986年版。

78. 〔美〕威廉姆森：《资本主义经济制度》，段毅才译，商务印书馆2002年版。

79. 〔美〕尼古拉斯·亨利：《公共行政与公共事务》，张昕译，中国人民大学出版社2002年版。

80. 〔日〕今井贤一、伊丹敬之、小池和男：《内部组织的经济学》，金洪云译，生活·读书·新知三联书店2004年版。

81. 〔美〕拉扎廖夫：《苏联政权平静解体的原因——官僚阶层主动选择的结果》，《社会科学报》2008年3月6日。

82. 〔美〕罗杰·弗朗茨：《X效率：理论、论据和运用》，费方域译，上海译文出版社 1993 年版。

83. 〔美〕盖瑞·J. 米勒:《管理困境——科层的政治经济学》,王勇译,上海三联书店、上海人民出版社 2002 年版。

84. 〔美〕克洛克、戈德史密斯:《管理的终结》,王宏伟等译,中信出版社 2004 年版。

85. 〔美〕卡罗尔、巴克霍尔茨:《企业与社会》,黄煜平等译,机械工业出版社 2004 年版。

86. 李兆雄:《"责任"概念四说》,《社会科学报》2002 年 7 月 11 日。

87. 〔美〕约翰·罗尔斯:《正义论》,何怀宏译,中国社会科学出版社 1988 年版。

88. 〔德〕霍斯特·西伯特:《德国公司治理中的共同决策》,《国外理论动态》2006 年第 6 期。

外文部分:

1. Charles Perrow, *Complex Organizations*: *A Critical Essay*, 3rd ed. Glenview, Il: Scott Foresman, 1986.

2. Charls E. Lindblom, *Politics and Markets*, New York: Basic Books, 1977.

3. Karl E. Weick, "Middle Range Theories of Social Systems", *Behavior Science*, No. 19, 1974.

4. Herbert Simon, *Administrative Behavior*(3rd ed.), New York: Macmillan, 1976.

5. Reinhard Bendix, *Work and Authority in Industry*, New York: Wiley, 1956.

6. Melville Dalton, *Men Who Manage*, New York: Wiley, 1959.

7. Nicos P. Mouzelis, *Organization and Bureaucracy*: *An Analysis of Modern Theories*, Chicago: Aldine, 1963.

8. Charles Perrow, *Normal Accidents*: *Living with High-Risk Technologies*, New York: Dasic Books, 1984.

9. Clifford Geetz, *The Interpretation of Cultures*, New York: Basic Book, 1973.

10. John W. Meyer, "The Effects of Education as an Institution," *American*

Journal of Sociology, Vol. 83, 1977.

11. John W. Meyer and Brian Rowan, "Institutionalized Organizations: Formal Structure as Myth and Ceremony," *American Journal of Sociology*, Vol. 83, 1977.

12. Dobbin Frank, "Culture Models of organization: The Social Construction of Rational Organizing Principles," *The Sociology of Culture: Emerging Theoretic Perspectives* (eds.), Diana Crane. Cambridge, MA: Blackwell, 1994.

13. L. L. Putnam, "The Interpretive Perspective: An Alternative to Functionalism". *Communication and Organizations: An interpretive Approach* (Eds.), L. L. Putnam and M. E. Pacanowsky, Beverly Hills, CA: Sage, 1988.

14. M. Pacanowsky and O'Donnell-Trujillo, *Organizational Communication as Cultural Performance*," Communication Monographs, Vol. 50, 1983.

15. M. R. Louis, "An Investigator's Guide to Workplace Culture", *Organizational Culture* (Eds.), P. J. Frost, L. F. Moore, M. R. Louis, C. C. Lundberg and J. Martin Beverly Hills, CA: Sage, 1985.

16. Kenneth E. Boulding, "General Systems Theory: The Skeleton of Science", *Management Science*, No. 2, 1956.

17. James S. Coleman, *Power and the Structure of Society*, New York: Norton, 1974.

18. Vernon K. Dibble, "The organization of Traditional Authority: English Country Government, 1558 to 1640," Handbook of Organizations (ed.), Jams March, Chicago: Rand McNally, 1965.

19. Georg Simmel, *Conflict and the Web of Group-Affiliations*. Glencoe, IL: Free Press. 1955.

20. David Gauthier, "The Social Contract of Ideology", *Philosophy and Public Affairs*, No. 6, 1977.

21. G Williams, *Salmond on Jurisprudence*, 11th ed. London: Sweet and Maxwell, 1957.

22. F. A. Hayek, "The Trend of Economic Thinking," *Economics*, No. 13, 1993.

23. Robert biersted, *Power and Progress: Essays on Sociological Theory*, New York: McGraw-Hill, 1974.

24. Harold Lasswell and Abraham Kaplan, *Power and Society*, Haven: Yale University Press, 1950.

25. Bertrand Russell, *Power: A New Social Analysis*, London: George Alle and Unwin, 1938.

26. Henry Mintzberg, "The power game and the players," *Classics of Organization Theory* (ed.), J. M. Shafritz and J. S. Ott, 中国人民大学出版社, 2004 年版.

27. B. Jouvenel, "Authority: The Efficient Imperative," *Authority* (ed.), C. J. Fridrich, Nomos I, Cambridge, Mass.: Harvard University Press, 1958.

28. Paul DiMaggio and Walter Powell, "The Iron Cage Revisited: Institutional Isomorphism and Collective Rationality," *American Sociological Review*, Vol. 42, 1984.

29. David. C. McClelland, "The two faces of power". *Journal of International Affairs*, Vol. 24, 1970.

30. E. M. Fordor and T. Smith, "the power motive as an influence on Group decision making", *Journal of personality and social psychology*, January 1982.

31. Richard M. Emerson, "Power-Dependence Relations", *American Sociological Review*, Vol. 27, 1962.

后 记

初定选题时，制定了一个相对较为完整、细致的研究框架。研究中，切实感受到，总体思路与复杂论证间隔着"万水千山"，几乎使我不能完成这个具有明显交叉学科性质的课题。几经曲折，最终才从泥淖中挣扎出来。现在看来，本书只是尽可能体现了研究初衷，在许多方面仍不尽如人意，特别是应进一步体现理论的普适性。

如果本书在某些方面还有一定价值的话，那也凝聚着恩师黄健荣先生的一片心血。南京大学的张凤阳教授、李良玉教授、张康之教授，南京农业大学的刘祖云教授，江苏行政学院的冯治教授等提出了许多富有启发性的疑问和意见，从而促使我对一些表述与观点做进一步的思考与完善。特别是张凤阳先生的许多睿智见地，对于丰富研究内容起了明显作用。在此，一并表示深深感谢。不过，观点由我自己负责。

杨占营

2016年7月定稿于南京半山园